서양 건축과
실내디자인의 역사

차례
Contents

들어가며

컨텍스트(context) 없는 건축과 실내디자인은 없다

건축과 실내디자인의 역사는 특정 양식이나 경향, 운동으로 표현되는 단락 단락의 시기가 연속성을 지니거나 반향을 일으키며 수십 세기의 변천 과정을 거쳐 발전되었다. 우리는 시퀀스(sequence)를 이루는 각 단락의 원인과 배경이 되는 컨텍스트를 읽어 낼 필요가 있으며 이러한 작업을 통해 시대를 대변하고 삶의 현장이었던 건축과 실내디자인의 실상을 이해할 수 있다. 다시 말해 용기(container)로서의 건축과, 건축 안에 담긴 내용(contents)으로서의 실내디자인과 가구는 자연적이든 인위적이든 컨텍스트와 상호 연관되어 있거나 이를 반영하므로 이를 포괄적으로 해석해야 한다.

건축의 경우, 컨텍스트는 개념적인 차원에서 시작하여 형태와 공간적 특징의 형성 배경 혹은 구성 요소의 추출 근거가 된다. 이는 단지 건축의 입지적 조건뿐만 아니라 도시, 국가의 역사적·정치적·사회적 구조와 연관되어 있고 자연 환경적 질서와 기술적 특성을 반영한다. 또한 전체를 이루는 부분으로서의 실내디자인 및 가구 역시 사회적·정치적·경제적 여건과 직접적인 관계를 맺으며 건물의 물리적·비물리적 특징을 반영한다. 이 외에 건축과 실내디자인은 인간의 심리적 요소나 미적 기준의 차이, 즉 물리적 본질보다는 부가되는 요소로 인한 만족감과 보편적 가치를 부정하거나 이를 능가함으로써 획득되는 쾌감 등의 개념이 표면적 특성으로 반영되기도 한다.

그 결과 시간적, 공간적, 사상이나 철학, 미학적 특징이 반영된 고유한 표현 방식, 제작 수법, 구조 혹은 디자인이 특정 양식(style), 트렌드(trend), 운동(movement)으로 발전하여 건축 대부분 혹은 건축보다는 실내공간이나 가구 중심으로 전개되어 오늘에 이르고 있다. 따라서 이 책에서는 서양 건축·실내디자인의 역사를 시기별로 컨텍스트, 건축, 실내, 가구에 대하여 매우 간략하게 살펴보기로 한다.

건축과 실내디자인의 역사를 통해 디자인의 의미를 읽다

건축의 기원은 인류의 시작과 함께 본능적인 욕구로 만들어진 매우 단순한 형태의 초기 주거지에서 찾을 수 있다. 점차 삶이 풍요로워지고 생활양식이 다양해지면서 인간과 환경을 매개하는 총체적 산물로 사회적·국가적·종교적 가치관이 반영되고 기술이 결합한 건축과 실내디자인이 발전하게 되었다.

우리는 건축과 실내디자인의 역사를 살펴볼 때 시대적 가치 기준의 변화에 따라 디자인의 의미와 가치 역시 변화되었음을 발견할 수 있다.

첫째는 건축과 디자인의 의미를 기능과 합목적성에 두는 것이다. 이는 생존을 위한 직접적인 욕구 충족으로 열악한 기후와 맹수로부터 보호받기 위한 원시적인 울타리와 움막 터에서 시작하여 바우하우스(Bauhaus)가 탐구했던 디자인 접근 방법인 기능이 나타내는 본질적인 형태로의 복귀로 연결되는데 제2차 세계대전 이후 국제주의와 미니멀리즘(Minimalism)으로 발전되었다. 기능주의에 입각한 미적 가치는 건물의 구조와 이를 위한 보조 시스템이 복잡해진 것에도 기인하지만 과거의 장식 지향 주의나 절충 양식에 대한 거부적 태도를 반영한 것이며, 이때 기능과 합목적성은 디자인을 위한 직접적 인자이며 절대 가치 기준이다.

둘째는 디자인의 의미가 재료와 기술의 발전을 직접 반영하고 있는 경우이다. 문명의 발달에 따라 건축은 여러 각도의 욕구와 활동 양상을 충족하기 위해 공간의 형태 및 구조의 발전이 시급했다. 이를 위해 재료의 개발과 발명에 노력을 집중한 결과 강도와 융통성이 뛰어난 재료를 생산하게 되었다. 신소재의 발명은 건축 방법과 디자인적 접근 방법을 변화시켜 신소재

5

의 특성을 수용하여 전체적인 시스템 안에서 디자인되고 제작 공정이 이루어지는 계기를 만들었다. 이러한 접근을 통해 건축과 실내 공간 안의 모든 요소가 재료와 기술적 측면에서 통합되어 전체적으로 조화를 이루는 가운데 극도로 정교한 시스템 안에서 움직이는 기능과 구조로 발전되었다.

재료와 기술의 발전이 건축의 형태와 구조 변화에 획을 긋게 된 것은 로마 시대 콘크리트의 발명 덕분이다. 이는 돔(dome) 및 궁륭(vault) 천장과 같은 기술적 혁신과 구조의 변화로 이어져 비잔틴, 로마네스크, 고딕 시대에는 고대와 차별되는 특징적 디자인을 이룩할 수 있었다. 그 후 획기적인 변화는 산업혁명으로, 건축에 적극 도입된 기계 생산 방식의 철과 유리는 역사적 고전주의의 막을 내리는 계기가 되었다. 그리고 20세기에는 신소재와 첨단 과학기술의 발전으로 건물의 구조와 시스템이 완전히 조정·통제되고 인간의 생활 방식도 이 안에서 제어되어 디자인이 이를 수용하는 결과를 낳게 되었다.

셋째는 디자인의 가치를 장식성에 두는 것으로 집권자의 권위와 부유층의 부와 사치, 사용자의 취향과 욕구 충족, 그리고 현대에서는 상업 공간에서 고객 유치를 위한 방편으로 구조의 표면에 장식을 강조하여 표현하는 경우이다. 고대 이집트와 로마, 중세 고딕 시대, 프랑스 루이 14세와 나폴레옹 집권기 등에는 집권자와 최고 성직자들이 자신을 과시하기 위해 건축이 웅장해지고 이에 걸맞게 실내 공간과 가구의 규모가 커졌으며 값비싼 재료와 상징적인 문양, 정밀한 세공으로 극도로 사치스러운 양상을 보였다. 이 시기 디자인의 수준은 장식의 정도에 따라 결정되었으며 장식이 곧 심미적 척도였다.

또한 18~19세기 영국과 미국에서는 디자이너의 특성을 반영하는 요소들이 양식의 다양화를 촉진해 아담(Adam), 헤플화이트(Hepplewhite), 셰러턴(Sheraton) 양식과 미국 신고전주의를 대표하는 던컨 파이프(Duncan Phyfe) 양식 등이 유행하였고 이는 20세기까지 미국 건축가와 디자이너 덕분에 지속될 수 있었다. 제1차 세계대전 후 미국의 중산층이 더욱 확산하자 주택과 상업 공간에서 자기표현과 과시, 고객 유치를 위해 차별화된 디자인을 추구하는 경향이 가속화되어 이를 전문으로 하는 실내 장식가가 활약하게 되었다. 이들은 공간의 구조보다 표면을 아름답게 꾸미는 데 초점을 두어 실내의 표면처리, 색채, 질감, 가구, 장식품 등과 같은 장식미술에 관심을 두어 기존 공간을 리모델링하는 수준의 작업이 성행하였다. 도로시 드레이퍼(Dorothy Draper, 1889~1969)는 전문적인 상업 디자인을 한 최초의 미국 여성 장식가로 주로 호텔, 클럽, 레스토랑, 상점, 병원 등을 디자인했다. 1920년대의 아르데코(Art Deco) 스타일은 표면을 장식하는 문양, 재료, 색채 등이 사무실이나 상업건물의 내·외부에 혁신적으로 사용되었는데, 이 시기에 장식은 디자인의 미적 가치를 결정짓는 중요한 요소 중 하나였다.

기념비적인 역사물은 현대 디자인을 위한 영감이다

　현재 우리가 직·간접적으로 접하는 건축물이나 제품 디자인 중 그 원류가 역사적 상징성을 지녔던 경우를 볼 수 있다. 또 어떤 경우에는 유사한 맥락으로 독특한 개성을 표현했던 특정 국가나 지역 및 건축가, 디자이너의 특정 성향이 복합적으로 발전, 변형되어 또 다른 창작이 이루어진 경우를 접할 수도 있다. 이는 표현 방식이 직설적이든 상징이나 은유적이든 그것은 창의적 발상을 위한 영감으로 작용했다고 볼 수 있다.

　이제는 현대 디자인의 조류에서 멀어지고 있지만, 20여 년 전만 해도 세기말을 대표하던 트렌드 중 하나였던 포스트모던은 고대 이집트의 피라미드를 비롯하여 역사적 구조물과 모티프를 본래의 목적과 전혀 다른 용도로 재현 또는 변형하여 독특하게 발전시켰는데 샌프란시스코의 트랜스 아메리카 빌딩(Trans America Building)이 한 사례가 될 수 있다. 또한 요즘 상업 시설에서 심심찮게 접하는 산타페 스타일은 본래 1600~1700년경의 미국 남서부 지방에서 초기 식민지 양식과 멕시칸 스타일, 아메리칸 원주민의 특징적 표현 방식을 혼합하여 발전된 스타일로 강렬한 색채와 재료로 이국적 분위기를 연출하고자 하는 공간 디자인에서 시간성과 공간성을 불문하고 채용되곤 한다.

　이러한 경우, 단순히 모방에 그치거나 단편적인 장식적 어휘로 끝나기도 하지만 모든 아이디어와 가능성을 위한 원천으로 활용되어 성공적인 결과로 이끄는 힘이 되곤 한다.

역사적 양식의 순환이 과거로의 복귀는 아니다

인류의 역사가 생성, 소멸, 재탄생하며 순환하는 과정을 반복하듯이 건축과 디자인의 역사 또한 시간의 흐름에 따라 필요 때문에 창조되고 다양한 힘에 의해 사라지며 또 다른 새로운 양식이 창조되는 순환과정을 거친다. 이때 새로 출현한 양식은 역사상 선례가 전혀 없는 경우도 있지만 과거의 양식을 모방하거나 내재한 특징을 재해석·재디자인하여 기존의 양식을 대체하는 경우가 많다.

일례를 들면 이집트와 그리스, 로마의 디자인은 르네상스 디자인의 모체가 되었고, 특히 로마 시대의 특징적 양상은 후기 조지안(Georgian) 양식과 프랑스 앙피르(Empire) 양식에서 자주 채용되었다. 그 후 빅토리아 시대에는 고전적 모티프와 장식적 요소가 복합적으로 화려하게 응용되어 절충주의를 유행시켰고 1980년대를 주도했던 흐름 중의 하나인 포스트모더니즘 건축에서는 역사적인 모티프가 다시 등장하곤 한다.

이러한 역사적 양식의 재등장이 과연 창조적 관점에서 의미가 있는지는 논쟁의 소지가 다분하지만 이를 과거로의 회귀나 모방으로 치부하는 것은 옳지 않다. 왜냐하면 사회 변화에 따라 인간의 기본적인 가치 외에 부차적인 요인이 결합하고 가치 체계의 변화를 수용하는 방향으로 건축과 디자인의 목표가 변하는데 이에 따라 변화된 관점에서 결과물이 생성되었기 때문이다. 따라서 역사적 양식을 채용해 만들어진 결과물일지라도

문제 해결 과정에서 또 다른 독창적 요소가 부가되기 마련이므로 회귀보다는 진화로 보는 것이 타당할 것이다.

고대

서양 건축의 역사는 고대 문명의 발상지인 이집트에서부터 출발하여 그리스에서 번성하였고, 로마에 이르러 찬란한 문명의 꽃을 피웠다. 그리고 이후 전개되는 유럽 건축의 모태가 되었다. 그러나 고대인의 주거지는 삶의 필수적인 요소와 기본적인 욕구 충족만을 고려하여 주변에서 쉽게 구할 수 있는 재료들로 지어졌기 때문에 현존하는 유구가 없다. 다만 발굴된 움막 터의 기반 구조와 의식용 신전, 분묘 등을 통해 그들의 지적 수준뿐만 아니라 주로 사용하였던 재료, 건축 기술의 발전상을 짐작할 수 있을 뿐이다.

이집트(Egypt, B.C. 4500~330)

〈그림 1〉 이집트 카르나크(Karnak)에 있는 열주식 구조의 신전.

이집트는 고대 문명을 이해하는 출발점이며 고대 디자인에 대한 안목을 넓혀줄 수 있는 공간적 특성을 지니고 있다. 이집트 양식은 그리스, 로마 양식과 19세기 초 프랑스 제국 양식(Empire style)에 큰 영향을 끼쳤다.

초기 주거지는 안마당이 넓지 않고 집 둘레를 햇볕에 말린 진흙 벽돌로 쌓았으며 실내 바닥에는 짚을 깔았다. 처음에는 밝게 채색한 최소한의 가구만을 놓았으나 실내 공간이 넓어짐에 따라 지붕을 덮기 위해 열주식의 기둥과 보를 사용한 가구식 구조로 발전하였다(그림 1).

문명이 발달함에 따라 의식을 거행할 신전이나 기념비적인

〈그림 2〉 기제의 피라미드.

분묘와 같은 특수한 목적의 건축물이 필요하였는데 이는 이집트인들의 세계관과 종교관에 기인한다. 거대한 피라미드와 신전 등의

건축적 자산과 무덤에서 출토된 수많은 부장품과 상형문자는 이집트 문명을 이해할 수 있는 귀중한 자산이 되고 있다. 기제(Gizeh)에 있는 피라미드(그림 2)는 석재를 매우 정확하게 짜맞춰 축조하여 당시 건축 공학의 진수를 보여준다. 이 피라미드 구조는 기하학적 감각, 축에 대한 개념, 강력한 제사 의식에서 발전한 것이며 이집트인들이 가졌던 영구성과 폐쇄성을

〈그림 3〉 이집트 18 왕조 시대의 투탕카멘 의자.

동시에 보여주는 대표적인 건축물이다. 벽면의 음각이나 벽화에 남아있는 장식적인 모티프, 예를 들면 권위와 수호의 상징이었던 태양, 지구, 날개를 펼친 독수리, 영생의 상징인 갑충(甲蟲)이나 딱정벌레, 왕권의 상징인 큰 뱀과 백합, 연꽃, 갈대, 파피루스와 같은 천연 식물 문양은 오늘날도 여전히 사용된다.

이 시기에 사용된 가구는 이집트인의 영혼 불멸 사상과 왕의 권위 및 부를 상징하며 그 대표적인 사례로 등받이를 값비싼 재료로 상감 장식하고 다리는 동물 형상으로 제작한 투탕카멘 의자(그림 3)를 꼽을 수 있다. 또한 요즈음 고급 가구에 쓰이는 장부맞춤 같은 목재맞춤 방법이 사용되었는데 당시 목재가 희귀하여 큰 가구를 만들기 위해 고안된 방법이었다. 이집트인이 가장 일반적으로 사용한 가구는 접이식 X스툴(Stool)로 이동식 의자의 원형이 되었다.

그리스(Greece, B.C. 3000~A.D. 150)

서양 문화의 근원이 되는 그리스는 지중해 연안의 자연환경과 풍부한 자원, 이지적이고 탐구심 강한 그리스인의 기질 등으로 건축과 디자인이 발달하기 충분한 여건이었다. 고대 그리스 건축은 구조적으로 비례의 미와 질서의 미를 보여주고 있다. 이는 그리스인의 탁월한 예술적 감각과 미적 가치에 대한 깊은 관심, 그리고 완벽한 건축 창조를 위한 의지가 상당했음을 짐작하게 한다.

그리스의 석조 기술은 이집트인의 석재 작업에 기초하여 발전하였는데 회반죽(Mortar)을 사용

〈그림 4〉 그리스의 주두 양식 (위로부터 도리아식, 이오니아식, 코린트식).

하지 않았다. 장식적인 형태는 식물로부터 유추된 기하학적인 패턴이 많이 채택되었다. 그리스는 주두(기둥머리)가 평평한 도리아식(Doric), 소용돌이 모양의 주두를 가진 이오니아식(Ionic), 아칸서스 모양의 주두를 가진 코린트식 (Corinthian) 등을 발전시켜 기둥 장식의 표준으로 삼았다(그림 4, 그림 5).

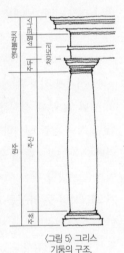

〈그림 5〉 그리스 기둥의 구조.

〈그림 6〉 그리스 아테네의 파르테논 신전.

그리스인들이 이룩한 건축과 디자인, 예술에는 그들이 숭배했던 신에게 받은 영감과 신에 대한 존경심이 반영되어 있다. 특히 아테네 여신에게 바쳐졌던 파르테논(B.C. 447~432) 신전(그림 6)은 그리스 건축의 백미로 열린 주랑 현관과 도리아식 기둥으로 둘러싸여 있으며 비례미와 대칭미가 뛰어나다. 그리스의 건축 형태는 오늘날 수많은 건축물과 디자인에 영감을 주어 여전히 이용되고 있다.

실내에는 가구를 띄엄띄엄 배치하였는데 단순한 형태의 삼나무나 흑단을 이용한 목 가구가 대부분이었고 채색을 하거나 금박, 보석, 상아로 상감하기도 하였다. 완전한 비례와 선의 아름다움을 강조한 그리스 가구는 남아 있는 석판이나 항아리의 그림을 통해 알 수 있다. 그리스인이 개발하여 현재까지 수없이 모방하여 변형되고 있는 대표적인 가구 중 하나는 클리스모스(Klismos) 의자(그림 7)이며 완벽한 비례에 오목한 등받이와 바깥쪽으로 벌려진 다리가 특징이다.

〈그림 7〉 클리스모스 의자.

로마(Roma, B.C. 750∼A.D. 400)

로마는 기원전 8세
기부터 이탈리아 반도
에 정착한 에트루리아
(Etruria)인과 그 후 유
입된 그리스인에 의해
형성된 국가다. 로마인
은 A.D. 1세기에 지중

〈그림 8〉 셉티무스 세베루스 개선문.

해 연안의 영토를 통일하여 단일국가를 이룩하였고 유럽과 근
동, 북아프리카까지 세력을 확장하였으며 법과 공공사업을 질
서 있게 통제하여 천 년 이상 찬란한 문명을 유지하였다. 그러
다 보니 로마 제국을 연결하는 모든 도로는 권력의 중심지인
로마로 통하게 되었고 자연히 도로와 수로 개발과 같은 토목
기술이 매우 발달하였다.

또한 황제의 힘을 널리 과시하기 위해 기념비적인 개선문을
비롯하여 대규모 건축물을 로마 곳곳에 세웠다. 그중에 로마의
광장 격인 포룸(Forum)에는 로마의 대표적인 개선문이라고 할
수 있는 셉티무스 세베루스(Septimus Severus, 로마의 제20대 황제 셉
티무스 세베루스가 황제가 된
후 고향을 방문한 기념으로
A.D. 203년경 세운 건축물)
가 세워져 있다〈그림 8〉.

〈그림 9〉 로마시대의 돔과 궁륭.

〈그림 10〉 로마 시대의 아케이드.

로마 건축은 그리스 건축의 형태를 모방하였으나 건물의 구조와 마감재로 콘크리트를 사용하여 돔(Dome), 궁륭(Vault, 그림 9), 니치(Niche, 두꺼운 벽면을 파서 만든 움푹한 곳) 등과 같은 새로운 형태를 개발하였고 내부 공간도 확장하였다. 그리스 건축은 원기둥(Column)이 가장 중요한 구조체로 사용된 데 비해 로마 건축은 벽체가 건물의 기본적인 요소로 사용되었다. 즉, 열을 이루고 있는 외형의 아치(Arch)는 장식적인 아케이드(Arcade, 그림 10)를 형성하며 원기둥은 단순히 장식적 요소로 주두 양식을 발전, 변형시켰다. 로마의 기둥 양식은 그리스식보다 단순한 엔태블러처(Entablature, 기둥 윗부분의 수평 장식)를 사용하였으며 그리스 기둥 양식이 변형된 투스칸 양식(Tuscan, 도리아식과 유사하지만 기둥에 세로 홈 장식이 없는 형태)과 콤퍼짓 양식(Composite, 이오니아식과 코린트식을 결합한 형태)을 추가로 사용하였는데(그림 11) 대부분에서 비례는 한층 가벼워졌다. 판테온(Pantheon) 신전은 독특한 돔

〈그림 11〉 로마의 주두 양식 (위로부터 투스칸식, 콤퍼짓식).

구조를 가진 로마 건축의 대표적인 예다.

　로마 시대의 가구는 현존하는 벽화를 통해 그 용도 및 디자인의 정교함과 화려한 정도를 짐작할 수 있는데 대체로 로마인들은 장식 및 실용성이 강조된 독자적 특징을 가진 가구를 사용한 것으로 알려졌다. 또한 그리스 양식을 계승하였으나 규모와 비례가 육중해졌고 주물로 만들어진 금속제 가구가 많았다. 대부분 가구는 동물 형태의 낮은 발을 가지고 있었으며 청동 조각 또는 상아, 금속 상감 등으로 장식되어 섬세함과 세련미가 뛰어났다. 다양한 로마 가구는 고대에서 르네상스까지 유럽의 가구 역사에 지대한 공헌을 하였고 훗날 신고전주의 양식의 기초가 되었다. 또한 힘과 전쟁을 상징하는 독수리, 그로테스크(Grotesque, 인간과 동물의 형상이 결합한 상상의 동물 형태), 돌고래, 백조 등의 각종 모티프가 사용되기도 하였다. 대표적인 가구로 펄크럼(Fulcrum, 석재 벤치), 셀라 쿠룰리스(Sella Curulis, 접이식 스툴, 그림 12) 등이 있다.

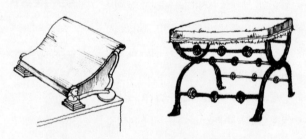

〈그림 12〉 로마시대의 펄크럼과 셀라 쿠룰리스.

중세

로마 제국이 멸망하자 서유럽은 영주 관할의 봉건제도 때문에 혼돈과 암흑의 시기를 맞이하게 되었다. 교회가 종교, 교육, 사회생활의 중심지가 되었으며 기독교적 정신이 건축과 디자인에 큰 영향을 끼쳐 삶의 가치를 현세의 행복보다 내세의 행복을 추구하게 하였다. 그 때문에 일반 대중을 위한 건축, 예술, 디자인은 발전할 수 없었고 단지 극소수의 부유층과 성직자들만이 건물을 소유하고 가구를 제작하여 사용하였다.

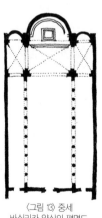

〈그림 13〉 중세
바실리카 양식의 평면도.

이와 달리 대부분 사람은 봉건 지주의 토지에 인접한 열악한 환경에서 생활하였다. 이 시기의 건축 양식은 초기 기독교 양식, 비잔틴 양식, 로마네스크 양식, 고딕 양식의 네 시기로 구분된다. 그러나 초기 기독교 시기(A.D. 320~800)의 건축은 별로 현존하지 않아 그 당시 가장 일반적이었던 바실리카(Basilica) 양식(그림 13)을 통해 건축적 특징을 짐작할 수 있을 뿐이다.

비잔틴(Byzantine, 320~1450)

4세기 초 로마 제국 콘스탄티누스(Constantinus) 황제가 기독교를 국교로 정한 이후 로마 각지에는 종교적 차원의 구조물이 하나둘 세워지기 시작했고 점차 기독교 건축이 이탈리아 전역으로 확산했다.

비잔틴 시기에는 로마 양식에 동양, 페르시아, 아라비아 등에서 성행하던 양식이 혼합하여 교회의 건축과 디자인이 화려하고 장식적으로 발전, 독특한 양식을 창조하였다. 모자이크와 유리 세공은 비잔틴 건축에서 극치를 이루었으며 이 시기에 개발된 돔은 하중을 받치기 위한 펜던티브(Pendentive, 정사각형 평면 위에 원형 돔을 얹을 때 만들어지는 모서리 부분으로 오목하게 휘는

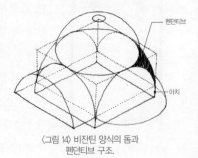

〈그림 14〉 비잔틴 양식의 돔과 펜던티브 구조.

삼각형 구조), 원형 아치, 정교한 기둥 장식, 풍부한 색채 등으로 비잔틴 양식의 진수를 보여준다(그림 14). 특히 이스탄불에 있는 하기아 소피아(Hagia Sophia) 성당(A.D. 530)의 실내 모자이크 기법은 작은 대리석 조각과 유리를 사용, 매우 정교하고 장식적인 회화적 장면을 연출하여 걸작으로 평가된다.

이 시기에 사용되었던 일반 가구는 종류가 매우 한정되어 있고 형태가 단순하며 기능성 위주로 제작되었다. 그러나 옥좌와 일부 부유층이 소유한 가구는 육중하고 금, 은, 상아와 준귀금속으로 우아하게 상감하거나 조각을 많이 하여 장식성이 강하였다.

로마네스크(Romanesque, 800~1150)

로마네스크 양식은 로마 멸망 후, 고딕 양식이 발생하기 전까지 서유럽과 프랑스에서 발달한 양식이다. '로마네스크'라는 명칭은 건축에 반원 아치나 아케이드 등 로마의 건축 양식이 반복적으로 사용됨으로써 유래한 이름이고 건축적 특징은 고딕 양식의 기초가 되었다. 영국에서는 노르만(Norman)이 정복했던 시기에 발전한 양식이라 노르만 양식이라고도 하였다.

이 시기는 교회를 중심으로 건축과 예술이 발전하였고 로마 건축 양식을 도입한 교회, 수도원, 성, 요새지가 주로 세워졌다. 이때의 건축물은 요새화가 되어 무척 견고했기 때문에 현존하는 건물이 많다. 건축물은 대체로 두꺼운 벽의 석재 구조로 단순하고 육중하게 건축되었으며 실내는 궁륭 천장, 반원 아치, 버팀벽 등으로 구성되어 있다(그림 15). 교회 건축 역시 육중한 벽체와 버팀벽, 다발기둥 등으로 이루어졌으며 라틴 십자형 평면의 바실리카(Basilica) 양식을 갖추고 있다. 바실리카 양식은

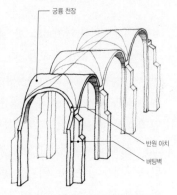

〈그림 15〉 로마네스크 양식의 실내 구조.

실내에 2열이나 4열의 주랑을 세우고 주랑의 지붕을 측랑의 지붕보다 높게 하여 고창을 설치하였다. 따라서 자연 채광이 유입되면서 중앙이 매우 밝은 특징을 지니고 있다.

주택에는 큰 홀(Hall)을 만들어 이 공간에서 대부분 일상생활을 하였는데 석재 바닥으로 마감된 어두컴컴한 실내에는 난방과 요리를 할 수 있는 벽난로가 설치되어 있을 뿐 특별한 장식이나 가구가 거의 사용되지 않았다. 서민들이 이용한 가구는 이동식 생활양식에 적합한 스툴 정도이며 건축적 요소가 가미된 단순한 형태였고 다이아몬드형이나 원형의 기하학적 문양이 부가되었다.

고딕(Gothic, 1150∼1500)

고딕 양식은 12세기 초 프랑스에서 시작하여 유럽 전체에

지배적으로 나타난 양식이다. '고딕'이라는 명칭은 르네상스 시기 이탈리아 예술가들이 로마 시대의 고전 예술을 파괴한 고트(Goth)족의 양식을 '야만스러운 것'이라는 뜻으로 부른 데서 유래한다. 이 양식

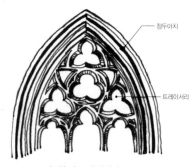

〈그림 16〉 고딕 양식의 첨두아치와 트레이서리.

은 무역을 통해 이탈리아, 독일, 영국, 프랑스 등 인접 국가로 전파되는 과정에서 고유하게 해석됨으로써 건축, 실내, 가구가 개성 있게 발전하는 데 영향을 끼쳤다.

이 시기의 건축은 교회가 부와 권력을 점점 축적함에 따라 규모가 커지고 위엄을 갖추게 되었으며 장식성이 강했다. 건물의 높이는 높아졌고 창문은 큰 면적을 스테인드글라스(Stained glass)로 덮어 건물 내부로 많은 양의 빛을 유입시켰다. 중세의 건축 양식은 고딕 성당을 통해 엿볼 수 있다. 성당의 천장은 매우 높아 긴 창문과 고창, 기둥 위의 입방형 주두 등이 높이 솟은 공간을 장식하였다. 첨두아치 형태의 창문과 문은 석재 골조로 둘러싸여 있었고 스테인드글라스나 트레이서리(Tracery)로 장식되었다(그림 16). 또한 부연 버팀벽은 궁륭 천장의 하중을 지면에 전달하기 위한 구조적 해결 방안으로 사용되었으나 장식성이 강해 고딕 양식의 특징적 요소로 주목받았다.

최초의 고딕 건축은 1144년 파리 근교에 세워진 생드니 성

당(The Abbey of St. Denis)
이며 프랑스 아미엥
(Amiens)에 세워진 노트
르담(Notre Dame) 성당
(1163~1300)은 고딕 건
축의 진수를 보여주고
있다(그림 17).

〈그림 17〉 노트르담 성당 정면.

　고딕 시대에는 성
당 외에도 주택의 수요
가 늘어나면서 성 인근
의 도시에 건물이 밀집
되었고, 이로 인해 가구의 수요가 늘어남에 따라 건축과 조화
를 이루는 가구가 제작되었다. 가구는 주로 참나무로 제작되었
으며, 비교적 거칠고 무게감이 있었다. 즉 고딕 성당에서 보이
는 건축적인 특징인 수직선, 트레이서리(Tracery), 첨두아치, 린넨
폴드(Linenfold, 그림 18) 등의 모티프들
이 의자와 수납장 부류의 표면으로
장식되었다. 이밖에 단순한 판재 구
조의 궤와 각재 프레임에 판재를 끼
워 맞춘 일종의 찬장인 뷔페(Buffet)
도 널리 사용되었다.

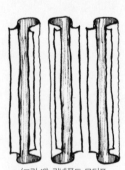

〈그림 18〉 린넨폴드 모티프.

르네상스 (Renaissance)

부활, 재생을 뜻하는 리나시멘토(Rinascimento)라는 말에서 유래된 르네상스는 신본주의적인 중세 양식의 반발로 일어나 인본주의적인 그리스와 로마 고전 양식의 복귀를 추구한 운동이다. 15세기 고대 로마 문명의 잔재가 남아 있던 이탈리아 플로렌스(Florence)에서 시작되어 3세기 동안 이탈리아의 주도하에 프랑스, 스페인, 영국 등으로 확산하였으나 각국마다 독특한 단계를 거쳐 서로 다른 해석이 이루어져 특징적 양상을 띠며 발전하였다. 특히 15세기 인쇄술의 발명은 급속도로 새로운 지식과 문화를 다른 지역에 전파하는 중요한 역할을 하였다. 고대 유물의 재발견은 고대 건축을 새롭게 인식하는 계기가 되어 고전적 요소가 결합한 독창적 양식이 정착되었으며 종교보다 인간과 자연을 탐구하는 정신이 활성화됨에 따라 중세와 다른 관점의 새로운 디자인 양상이 나타나기 시작하였다.

이탈리아(Italy, 1400~1580)

르네상스 시기 이탈리아에서는 로마를 중심으로 도시 중심지 곳곳에 전통적 형식을 갖춘 빌라나 공공건물이 지어졌다. 르네상스 건축은 타워형 고딕 건축과 대조를 이루며 외관이 대체로 아담하고 단순해졌다. 그리고 기하학적 대칭 구조에 고전적인 기둥 양식과 엔태블러처, 아치가 결합하여 심미적이고 우아한 독창적인 양식으로 발달하였다. 고전 양식을 건축에 섬세하게 단계적으로 도입한 사람은 안드레아 팔라디오(Andrea Palladio, 1508~1580)이며 1550년에 설계된 빌라 로톤다(The Villa Rotonda, 그림 19)는 이탈리아 르네상스 건축의 특징을 잘 보여주

〈그림 19〉 이탈리아 르네상스 건축을 대표하는 빌라 로톤다 정면.

고 있다.

이 당시 실내는 밝게 채색된 우물천장
이나 평천장이 주류를 이루었으며 벽은
평평한 사각 벽기둥과 함께 목재상감, 휘
장, 액세서리로 장식된 밝은 색조로 처리
되었고 바닥은 기하학적 무늬로 짜 맞춰
진 대리석으로 이루어졌다.

가구에는 사각 벽기둥(그림 20), 코니
스(Cornice), 페디먼트(Pediment)라 불리는
박공장식(그림 21) 등 주로 고전 양식과
로마의 석관에서 응용된 모티프가 사용

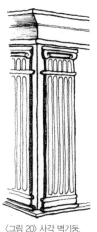

〈그림 20〉 사각 벽기둥.

되었다. 일종의 궤인 카손느(Cassone), 수납할 수 있는 벤치인 카
사팡카(Cassapanca), 그리고 고대 접이식 스툴(Stool)로부터 발전
된 X형 의자인 사보나롤라(Savonarola), 스가벨로(Sgabello) 의자
(그림 22)가 소개되었고 좁고 긴 리펙토리(Refectory) 테이블과 수
납용 크리덴차(Credenza) 역시 이 시대를 대표하는 특징적인 가
구이다. 또한 사실주의적 회화와 조각이 성행하였고 건축가 브
루넬레스키(Brunelleschi, 1377~1446) 덕분에 회화에 투시도가 도
입되었다. 이 시기를 대표하는 예술가로는 레오나르도 다빈치
(Leonardo da Vinci, 1452~1519)
와 미켈란젤로(Michelangelo,
1475~1564)를 들 수 있다.

〈그림 21〉 페디먼트.

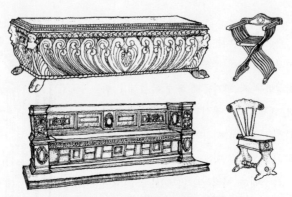

〈그림 22〉 이탈리아 르네상스를 대표하는 가구들
(시계방향으로 카손느, 사보나롤라, 스가벨로, 카사팡카).

영국(England, 1485~1689)

영국의 르네상스는 튜더(Tudor), 엘리자베스(Elizabeth), 자코비안(Jacobean), 왕정복고(Restoration) 시대 등으로 구분된다.

튜더 시대(1485~1558)는 고딕 후기부터 르네상스 시기까지의 과도기적 양식으로 북유럽의 매너리스트(Mannerist, 16세기에 발달한 양식으로 복잡한 원근화법과 형태의 과장, 인물의 부자연스러운 자세, 강한 색채 등을 사용함) 양식과 네덜란드, 독일 신교도의 문화적 영향을 많이 받았다. 또한 고딕 양식의 큰 창문과 트레이서리 장식, 목재 패널 방식이 영국 스타일의 중후한 디자인으로 변형되기 시작하였다. 석재보다 벽돌을 선호하였으며 건축물의 외부로 목재가 노출되기도 하였다. 건축에서는 튜더 아치(Tudor arch)라고 부르는 평아치와 부채형 궁륭이 특징적으로 사용되었다.

가구에서는 중세의 첨두 장식이나 린넨폴드 모티프가 패널에 결합하기도 하였으며 대표적인 가구로는 파팅게일 체어(Farthingale chair, 여성들이 입던 부풀려진 파팅게일 스커트를 위해 팔걸이 없이 만들어진 낮은 의자)가 있다(그림 23).

〈그림 23〉 영국 튜더 시대의 파팅게일 체어.

엘리자베스 시대(1558~1603)는 왕실과 부유층 주택을 중심으로 발전하였다. 벽돌과 석재로 대칭 구조를 이루고 있는 주택 외부는 고전적인 특징이 나타난다. 실내의 벽은 그리스, 로마의 건축적 요소인 사각 벽기둥, 원기둥, 코니스 등으로 이루어졌다. 천장은 회반죽으로 마감하고 들보를 노출하거나 회반죽 위에 양각으로 정교한 문양을 장식하였으며 계단이 실내 공간의 시각적 초점이 되도록 하였다. 가구는 주로 참나무를 사용하였고 미적인 면보다는 견고함에 비중을 두어 육중한 이미지를 나타냈다. 조각 장식을 많이 사용해 풍부하고 세련된 느낌이 들었는데 특히 가

〈그림 24〉 엘리자베스 시대의 멜론형, 구근형 조각장식.

구 다리에 사용된 과장된 멜론(Melon) 모양 조각과 선반 가공한 구근형 조각 장식(그림 24)은 이 시대 가구의 특징이며 가구의 종류는 테이블, 식탁, 침대, 찬장 등이 있다.

자코비안 시대(1603
~1649)의 건축은 이탈
리아에서 공부한 건축
가 이니고 존스(Inigo
Jones, 1573~1652)의 영
향으로 이탈리아 르네

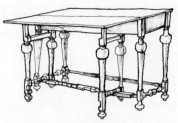

〈그림 25〉 자코비안 시대의 접이식 게이트레그 테이블.

상스의 엄격한 건축적 양식이 많이 나타난다. 실내는 대칭 구
조의 적절한 규모로 안락함을 추구하여 천장이 낮아졌고 회반
죽 마감에 고전적인 요소를 가미하여 장식하였다. 규모가 큰
접이 탁자인 게이트레그(Gate-leg) 테이블(그림 25)은 이 시대의
가장 특징적인 가구 중 하나이다.

찰스 2세의 왕위(1660~1685) 계승으로 시작된 왕정복고 시대
(1660~1702)는 프랑스 양식이 영국에 소개된 시기이다. 실내는
대칭 구조로 계단, 복도, 작은 벽난로 그리고 그레이트 홀(Great
Hall)이라 불리는 큰 방과 이를 둘러싸고 있는 작은 방으로 이
루어져 있었다. 천장은 장식적인 회반죽으로 꾸며졌고 가구는
프랑스와 네덜란드의 영향을 받아 장식성이 강했다.

스페인(Spain, 1400~1600)

스페인은 군사적 원정으로 이탈리아로부터 빼앗은 노획물과
예술품의 영향을 받아 르네상스를 맞이하게 되었다. 이 시기를
전후하여 약 800년간 막강한 힘을 가지고 있었던 무어(Moor)족

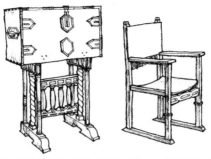

〈그림 26〉 스페인 르네상스 시기를 대표하는 실론 드 프라일레로와 바르케뇨.

의 전통적인 장식이 결합하여 스페인 특유의 문화를 창조하기
에 이른다. 가구로는 세공된 가죽이나 코르도바(Cordova) 가죽
(코르도바 지역에서 생산된 가죽)으로 씌워진 의자가 유행하였고 실
론 드 프라일레로(Sillón de Fraileros, 간결하고 소박한 형태를 띤 수도사
의 의자), 바르케뇨(Varqueño, 스페인과 동양의 양식이 혼합된 목재 캐비
닛, 그림 26)는 스페인의 전형적인 가구이다.

프랑스(France, 1490~1650)

프랑스의 르네상스도 스페인과 동일하게 이탈리아 원정을
계기로 프랑스 전역에 전파되었다. 그러나 고딕 스타일을 고수
하려는 경향이 커 초기에는 이탈리아 르네상스와 고딕 양식의
모티프가 부자연스럽게 혼합되는 결과를 가져왔으나 점차 독특
한 양식이 개발되어 바로크 시대에 이르러 프랑스가 유럽의 건
축과 예술을 주도하게 되었다.

바로크(Baroque)와 로코코(Rococo)

바로크는 포르투갈어로 "불규칙한 형태의 불완전한 진주"를 뜻하는 바로코(Barocco)에서 유래한 말로 예술을 이용하여 가톨릭교회의 부와 힘을 과시하기 위해 발달한 양식이다. 17세기 유럽은 강력한 군주 체제로 정치적인 안정기에 돌입하였고 무역을 토대로 부를 축적할 수 있었다. 그 덕분에 통치자들 사이에서는 최상의 예술품을 소유하려는 강한 경쟁심이 일었다. 바로크 양식은 프랑스 루이(Louis) 14세의 절대 권력에 대한 과시 욕구와 병행하면서 절정을 이루어 루이 14세 양식이라고도 불리며 공공건물이나 교회, 왕궁에서 화려하고 웅장하게 표현되었다.

바로크 양식은 르네상스 양식과 비교하면 스케일이 크고 입

체적이며 장식이 풍부하여 강렬하다. 실내 공간은 코브 천장
(Coved ceiling, 벽과 천장이 직각으로 만나지 않고 곡선으로 만나도록 처리
한 천장)과 종교화, 정밀한 조각과 거울을 많이 부착한 벽, 웅장
한 벽기둥 등으로 대담하고 과장되게 장식되었다. 가구는 청동,
구리, 대리석, 귀갑, 흑단 등의 다양한 재료를 사용하여 비틀린
기둥, 열린 박공 등의 건축적 디테일로 마치 축소된 건축과 같
은 느낌이 든다.

한편 로코코는 "바위와 조개껍데기"를 뜻하는 로카유
(Rocaille)에서 유래한 말로 유럽에서 루이 15세의 통치와 동시
에 프랑스를 중심으로 전개되었다. 루이 15세 때 주로 왕족과
귀족을 위한 주택에 도입되어 루이 15세 양식이라고도 한다.
당시 유럽에서는 권력의 중심이 왕실에서 귀족으로 이동하였
고 여성의 권위가 향상됨에 따라 실내 분위기가 여성 취향으로
바뀌어 바로크 양식의 웅장함은 경쾌하게, 과장됨은 간소하게,
사치스러움은 우아하게 바뀌었다. 가구 디자인 역시 안락함과
우아함을 추구하여 유연한 곡선과 얕은 부조, 바로크 양식보
다 밝은 색조를 즐겨 사용하였다. 바로크와 로코코 양식은 르
네상스와 마찬가지로 지역과 통치자에 따라 꽤 차이를 보이나
프랑스와 영국에서 전성기를 맞이한 공통점이 있다.

이탈리아(Italy, 1580~1750)

이탈리아 바로크 양식은 로마에서 발생하여 전 지역으로 급

속히 확산되었다. 바로크의 건축적 요소는 로마의 고전적 요소에서 발전하였고 실내디자인 역시 고전 양식을 고수하였다고는 하지만 규모가 크고 역동적인 힘과 움직임을 전달하는 새로운 방식으로 정리되었다. 특히 천장은 매우 높았고 벽면에 과장되게 돌출된 인물상과 정교하게 조각된 벽난로가 실내 분위기를 압도하였다. 대각선 방향으로 배치된 기둥과 질서를 깨뜨리는 페디먼트는 과거와 다른 바로크적 특징을 보여준다.

가구디자인도 실내와 조화를 이루도록 화려하고 역동적이라 의자는 조각이 많고 금박으로 입혀졌으며 쿠션은 화려한 색채와 다양한 문양이 돋보이는 벨벳과 견으로 싸여 있었다. 팔걸이가 있는 의자는 소용돌이치는 형태의 팔걸이가 다리 아래까지 연장되고 다리는 다시 대각선의 다리 버팀대에 연결되었다.

프랑스(France, 1643~1774)

프랑스 바로크 양식은 루이 14세(1661~1715)가 권좌에 오른 통치 기간 중 유행한 양식으로 고전적 디테일을 사용한 로마 디자인에서 시작되었으나 루이 14세가 재임하던 시기에는 궁중 생활의 호화스러움과 풍요를 나타내며 불멸의 아름다움을 창조하여 '르 그랑 시에슬(Le grand siecle)'이라 불리는 국제적인 양식으로 자리를 잡았다.

루이 14세가 다스리던 시기에 궁중 생활의 호화스러움과 풍요로움은 베르사유(Versailles) 궁전을 통해 짐작할 수 있다. 약

10,000명이 거주할 수 있는 시설을 갖춘 베르사유는 굴뚝이 300개 이상 되고 창문도 약 2,100개나 되는 방대한 규모이다. 모든 방은 엄청나게 크고 장식이 화려하며 바닥은 대리석으로 사치스럽게 꾸며져 있다. 벽은 목재 바탕에 금박 조각으로 장식되거나 밝게 채색되어 있다. 또한 천사나 잎사귀 문양의 모티프는 코니스 몰딩, 문, 창문 장식으로 사용되었다.

가구는 규모가 크고 무거워 움직일 수 없었기에 벽 주위에 놓였다. 역동적인 힘이 느껴지도록 디자인되었으며 기본 형태에 인물상, 소용돌이 곡선, 3차원의 부조가 덧붙여져 가구의 구조를 분간하기 어려운 경우도 있었다. 앙드레 불르(André Boule, 1642~1732)는 1672년 루이 14세로부터 임명된 최고의 가구 제작자였으며 동과 아연 합금에 금박을 입히는 오몰루(Ormolu) 기법을 사용하여 화려한 몰딩과 장식적인 모티프를

〈그림 27〉 프랑스 바로크 양식의 코모드와 아르무아르.

표현하였다. 대표적인 가구로는 코모드(Commode), 아르무아르(Armoir, 그림 27)와 같은 수납장이 있으며 의식용으로 제작된 왕좌, 신분이 낮은 귀족을 위한 스툴과 의자들이 있다. 이들은 일반적으로 불 마케트리(Boule maquetry) 기법으로 표면을 장식하였으며 사용된 문양은 잎, 추상적인 곡선, 조개, 요정, 스핑크스에 이르기까지 매우 다양하다.

프랑스 로코코 양식은 루이 15세가 집권하던 시기(1715~1774)에 부유한 상류 사회의 사교 활동이 중시되면서 바로크 시대와는 다른 특징이 실내디자인과 가구디자인 전반에서 두드러지게 나타났다.

건물의 외부는 전체적으로 장식이 줄어들어 단순해졌으며 실내 공간은 방의 용도에 따라 형태, 크기가 다양해졌다. 실내 공간의 전체적인 분위기는 섬세한 디테일의 장식과 물 흐르는 듯한 자유로운 곡선으로 여성스럽게 변모하였다. 벽은 과거의 육중한 대리석과 석재에서 탈피하여 가벼운 재료 위에 파스텔 색조로 채색되었고, 곡선의 형태에 장식이 부과되었으며 창문은 커져 좀 더 밝은 분위기를 연출하였다. 또한 고전적인 기둥과 엔태블러처가 약

〈그림 28〉 프랑스 로코코 양식의 코모드.

〈그림 29〉 로코코 양식의 포테유와 베르제르.

화하고 몰딩 역시 단순해졌다.

가구는 대부분 안락하고 가벼우며 우아해졌고 대표적인 수납장으로는 코모드(그림 28)가 있다. 그리고 여성의 체형에 적합하도록 굴곡을 지닌 사교용 소파와 의자가 많이 제작되었으며 대부분 푹신한 팔걸이를 갖추고 있었는데 이는 여성의 의상을 수용할 수 있도록 하기 위해서였다. 또한 팔걸이 아래의 공간이 빈 포테유(Fauteui)와 규모가 더 크고 측면이 등판까지 막혀 있는 베르제르(Bergère)가 특징적인 의자 중 하나이다(그림 29). 가구 표면에는 뇌문, 만자 문양과 중국의 영향을 받은 이국적인 꽃, 새, 탑, 원숭이 등의 문양이 장식되었다.

영국(England, 1660~1760)

영국의 바로크 양식은 1660년 왕위에 오른 찰스 2세가 그의 조카인 루이 14세의 권력과 화려함을 모방하여 웅장하고 장식성이 강한 건축과 디자인을 추구하면서 시작되었다. 그러나 이탈리아나 프랑스 바로크 시대의 극적인 효과는 보여주지 못했고 당시의 정치적 혼란과 동요를 반영하듯이 양식적 특징이 집권자에 따라 변화하는 혼란스러운 양상을 보였다. 이 시기를 대표하는 건축가는 크리스토퍼 렌(Christopher Wren, 1632~1732) 경이며, 그는 이탈리아 건축가 안드레아 팔라디오와 프랑스 건축가들로부터 큰 영향을 받아 바로크 양식의 런던 세인트폴(St. Paul) 성당을 비롯하여 많은 성당을 디자인하였다. 실내의 분위기는 이탈리아나 프랑스보다 웅장하지 않았지만 장식성은 강한 편이었다. 천장은 보통 정교하게 채색되었고 벽은 보통 참나무 목재 패널이 천장까지 연결되거나 채색 후 금박의 악센트가 가해졌으며 벽난로와 문은 정교한 조각으로 장식되었다.

〈그림 30〉 영국 앵글로 팔라디안 양식의 치스워크 하우스.

로코코 양식은 앤(Anne) 여왕이 통치했던 시기(1702~1714)와 조지 1세부터 조지 3세까지 통치 기간인 초기 조지안 시기(1714~1760)에 유행하였다. 이 당시 건축은 르네상스 양식의 연장 선상에서 팔라디오 건축

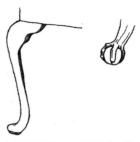

〈그림 31〉 영국 로코코 양식의 캐브리올 레그와 패드형 발, 공을 쥔 용의 발.

에 기초하여 이니고 존스가 발전시킨 앵글로 팔라디안(Anglo-Palladian) 양식이 꽃을 피우게 되었다. 1725년 벌링턴(Burlington) 백작에 의해 디자인된 치스위크 하우스(Chiswick house, 그림 30)의 앵글로 팔라디안 양식의 평면도를 보면 사각형의 평면도 중앙에 원형 홀이 대칭으로 배치되어 있는데 이를 통해 팔라디오의 빌라 로톤다를 연상할 수 있다. 이 대칭적 디자인은 고대 그리스와 로마 건축물에서 비롯된 것으로 절도와 위엄을 보이고 있다. 실내 분위기는 전체적으로 우아하였으나 절제미의 단순한 아름다움을 추구하여 벽과 천장을 백색이나 단색 도장, 회반죽으로 마감하여 밝고 깨끗하

〈그림 32〉 앤 여왕 시대의 윙백 체어.

〈그림 33〉 초기 조지안 시기의 치펜데일 의자.

게 처리하였다.

영국 로코코 시기의 가구는 흐르는 듯한 곡선으로 우아한 아름다움을 나타냈는데 대체로 가구 다리는 현대 클래식 가구에 많이 사용되는 캐브리올 레그(Cabriole leg)에 패드(Pad)형 발과 공을 쥐고 있는 용의 발(그림 31) 등으로 마무리되었다. 의자는 집권자에 따라 매우 다른 형태를 선보였는데 앤 여왕 시기에는 완전히 직물로 감싼 윙백 체어(Wing back chair, 그림 32)가, 초기 조지안 시기에는 의자 등받이 중앙의 세로대가 바이올린 등의 곡선 형태나 중국 뇌문과 같은 기하학적 형태로 장식된 치펜데일(Chippendale) 의자가 유행하였다(그림 33).

신고전주의 (Neo-Classicism)

서기 79년 베수비어스(Vesuvius) 화산 폭발로 파묻혔던 이탈리아 남부 폼페이(Pompei) 유적의 발굴은 지나친 곡선과 장식으로 특징 지워진 바로크와 로코코 양식에 대해 염증을 느끼던 유럽인에게 고전 양식에 대한 동경을 불러일으켰다. 이에 건축가, 예술가, 학자들이 과거 고전 양식에 관한 서적을 출간하면서 과거 양식을 부활시켜 신고전주의 양식이 출현하였고 19세기 중반에 절정을 이루었다. 신고전주의 양식은 1750년경 프랑스와 영국에서 시작되었으나 곧이어 독일, 네덜란드 등 유럽 전 지역과 미국으로 확산하였다. 이성주의, 혁명, 산업화로 대표되는 이 시기의 양식은 단순하고 안정감이 있으며 아름다운 비례는 그대로 유지되었다. 그리고 곡선이 직선으로 대치되었으며 로코코 양식에서 쓰이지 않던 그리스, 로마의 기둥과 엔태블러처 등의 건축적 모티프가 다시 부활하였다. 그러나 전·후 시기에 따라 특징의 차이를 보였다.

전기 신고전주의는 프랑스 루이 16세 양식과 영국의 아담 (Adam) 양식으로 대표되며 이 시기 실내 분위기는 로코코 시기보다 좀 더 격식 있으나 밝고 간결하게 직선적으로 정리됐으며 가구는 가볍고 섬세한 비례에 수직적 성향이 강했다.

후기 신고전주의는 1790년경 그리스와 로마 문화로부터 강한 영향을 받아 시작되었으며 프랑스의 앙피르(Empire) 양식과 영국 섭정 양식(Regency)으로 대표된다. 영국은 산업혁명 덕분에 중산층이 급부상한 시기이지만 이들은 건축과 디자인에 관한 관심이 적어 그 분야가 그리 활기를 띠지는 못하였다. 이 양식은 유럽과 미국으로 널리 확산하였고 독일과 오스트리아에서는 프랑스 앙피르 양식이 중산층에 파급되어 비더마이어 (Biedermeier) 양식을 낳기도 하였다. 이 시기 실내의 분위기는 고대 불멸의 양식을 건축과 디자인에 재해석하여 반영함에 따라 화려하고 웅장해져 전기 신고전주의와 또 다른 디자인적 양상을 보여주었다.

프랑스(France, 1750~1815)

프랑스 전기 신고전주의 양식(Neo-claasic Style)은 루이 16세가 집권할 당시(1750~1792) 로코코 양식의 반발로 촉진되어 루이

16세 양식으로도 불린다. 루이 14세, 15세 시대의 화려한 장식과 지나친 곡선 등 과거 양식에 대한 불만과 그 당시 발굴되기 시작한 고대 유적이 실내디자인과 가구디자인에 영향을 미쳤다. 건축은 장식을 최소화하여 단순해졌고 천장이 높아짐에 따라 창문이 커졌다. 실내디자인은 전체적으로 대칭적인 균형 속에서 로코코 양식의 우아하고 세련된 비

〈그림 34〉 프랑스 루이 16세 양식의 의자.

례 및 안락성 등이 유지되고 원기둥, 벽기둥, 코니스 몰딩과 그 외 고전적 장식이 가해지면서 엄숙한 분위기와 함께 흰색이나 미색 바탕의 패널 방식의 벽에 금박 몰딩이나 금색 문양으로 마무리함으로써 극적 분위기를 나타내었다.

가구는 그리스 로마 시대의 직선이 사용되었으나 이러한 직선의 단순함을 보충하기 위해 꽃, 리본 등의 세부 장식이 혼합된 섬세한 디자인이 등장하였다. 가구의 다리는 갈수록 좁아지는 테이퍼드 레그(Tapered Leg)가 유행하였고 그리스 원기둥에 나타나는 홈장식(Fluting)도 사용되었다(그림 34).

프랑스 후기 신고전주의 양식은 19세기 초 나폴레옹이 집권하던 당시(1804~1815)에 유행하던 프랑스의 건축과 실내디자인, 가구에 나타난 양식으로 제국 양식 혹은 앙피르(Empire) 양식

〈그림 35〉 프랑스 앙피르 양식의 데이베드.

으로 불린다. 1798년 이집트와 이탈리아 원정에 성공한 나폴레옹은 고대 이집트 문명과 로마 문명에 심취하였고 당시 프랑스인들은 고대 이집트, 그리스, 로마 시대를 이상향으로 생각하였기에 고대의 건축 형태와 장식적 모티프가 실내디자인과 가구에 압도적으로 사용되었다.

실내의 규모는 커지고 육중해졌으며 비대칭적인 디자인을 추구하여 장엄한 분위기를 연출하였다. 또한 실내 분위기 조성에 직물을 중요하게 여겨 천장에서 늘어뜨리거나 벽 전체를 덮기도 하였고 창문에 두르기도 하였다. 더불어 나폴레옹이 선호했던 폼페이풍의 밝은 적색, 황색, 녹색을 짙은 청색과 대비시켜 대담한 분위기를 창출하였고 태피스트리(Tapestry)를 벽에 걸기도 하였다.

가구 디자이너들은 안락함과 기능성보다 권위를 드러내는 방

〈그림 36〉 앙피르 양식의 곤돌라.

편으로 날개 달린 형상, 스핑크스, 독수리, 백조 같은 고전적 모티프와 나폴레옹의 첫 글자인 'N', 그리고 군대를 상징하는 모티프를 수집하여 디자인에 응용하였다. 이 시기의 특징을 보여주는 가구로는 텐트형의 캐노피가 달린 데이베드(Daybed, 그림 35)와 그리스 클리스모스 의자의 곡선을 재해석하여 디자인한 곤돌라(Gondola, 그림 36) 체어 등이 있다.

영국(England, 1760~1830)

영국의 전기 신고전주의 양식은 18세기 후반, 후기 조지안 (Late Georgian, 1760~1800) 시기에 영국 스코틀랜드의 건축가이자 실내디자이너 겸 가구디자이너였던 로버트 아담(Robert Adam, 1728~1792)과 그의 형제들이 주도한 양식으로 아담 양식(Adam Style)이라고도 한다.

초기에는 육중한 팔라디오 양식과 로코코 양식의 곡선을 사용하였으나 그 후 그리스와 로마 양식의 기둥, 엔태블러처, 아치, 돔 등의 건축 요소를 실내에 도입하고 장식적 요소를 모두 통합하여 디자인함으로써 로마 시대의 전형적인 실내 분위기를 보여주었다. 공간의 형태는 사각형 또는 사각형의 한 벽면이 반원이나 팔각형으로 되어 있고 천장은 평천장, 원형 천장, 돔 등이며 아라베스크, 꽃, 아기 천사, 양 머리, 스핑크스, 메달리온, 파테라(Paterae, 그림 37), 장식항아리 등의 이집트, 그리스, 로마, 에투루리아의 장식적 모티프를 채용하였다. 가구디자인

은 실내와 조
화를 이루도
록 비례와 크
기를 조절하
고 실내에 사

〈그림 37〉 영국 아담 양식에 많이 사용된 파테라 모티프.

용한 모티프를 반복적으로 표현하였다. 아담이 디자인한 가구
는 직선형, 타원형, 반원형 등이 있으며 채색, 금도금, 상감기법
등으로 표면을 장식하였다. 특히 장식장에 부착하는 달걀 모양
장식의 파테라는 아담 가구의 특징 중 하나이며 전면이 궁형
으로 휘어지고 고전적 모티프를 목재 상감 기법으로 장식한 코
모드(Commod, 그림 38)는 그의 대표작 중 하나이다.

아담의 뒤를 이어 영국의 초기 신고전주의를 발전시킨 디자
이너는 조지 헤플화이트(George Hepplewhite, 1727~1786)와 토머
스 셰러턴(Thomas Sheraton, 1751~1806)이었다. 이들은 아담 디자
인과 일맥상통하나 나름대로 독창성을 지닌 가구를 개발하였
다. 헤플화이트 양식은 18세기 후기에 25년간 유행했는데 의
자는 테이퍼
드 레그가 심
블 풋(Thimble
foot)이나 스페
이드 풋(Spade
Foot)으로 마
무리되었으며

〈그림 38〉 아담 양식의 궁형 코모드.

〈그림 39〉 테이퍼드 레그와 스페이드
풋으로 마무리된
헤플화이트 의자.

하트형, 타원형, 방패형 프레임의 등받이는 내부가 부드럽고 섬세하게 조각되어 등받이가 직물로 씌워진 아담 의자와 대조를 이루었다(그림 39).

셰러턴 양식은 1790년에서 1805년까지 영국의 가구 제작자인 토마스 셰러턴에 의해 주도된 양식으로 초기에는 아담과 치펜데일 양식, 후기에는 제국 양식의 영향을 받아 고유하게 발전하였다. 의자는 헤플화이트 의자의 영향을 받아 아담한 크기와 날씬한 형태, 곧은 다리를 그대로 유지하였으나 등받이는 직선과 직각으로 처리되고 항아리와 꽃, 소용돌이 등의 고전적 모티프가 짧고 단순한 선으로 섬세하고 세련되게 조각되어 아담, 헤플화이트와 또 다른 분위기를 연출하였다(그림 40).

영국의 후기 신고전주의 양식은 영국의 산업혁명 이후 반세기 이상 지속하였으나 조지(George)

〈그림 40〉 직선이 강조된
셰러턴 의자.

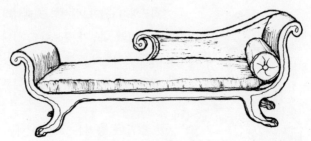

〈그림 41〉 영국 리전시 양식의 그레시안 소파.

4세가 섭정하던 시기(1811~1820)를 제외하고는 그리 활기를 띠지 못해 영국 섭정 양식, 혹은 리전시(Regency, 1800~1837) 양식이라고 불린다. 실내 공간은 장식이 배제되고 단순해졌으며 벽난로 대신 단순한 형태의 백색이나 검은색 맨틀(Mantel)을 얹어 입체감이 없어졌다. 벽은 강한 색으로 채색하거나 금박 장식을 가미하여 후기 신고전주의적 특성을 보여주었다.

가구는 일반적으로 크고 무거웠으나 디자인은 단순하였다. 주로 이집트, 그리스, 로마, 중국의 모티프가 장식적으로 채택되었다. 이 시기를 대표하는 가구는 그레시안 소파(Grecian sofa, 그림 41)로 이집트, 그리스, 로마의 영향을 반영하듯 바깥쪽으로 휜 다리와 사자 발, 소용돌이형 조각의 머리 받침대와 발 받침대를 가지고 있다.

북미

17세기 미국에서는 영국을 비롯하여 프랑스, 스페인, 독일, 네덜란드, 스웨덴 등의 유럽으로부터 이주한 정착민들이 모국의 선례를 모방하여 목조주택을 짓기 시작하면서 검소하고 실용적인 초기 식민지 양식이 싹트기 시작하였다. 이후 사회가 점차 안정기에 돌입하고 경제 규모가 커지면서 유럽의 양식을 접촉할 기회가 더 많아지자 미국 각 지역의 장인들이 주도되어 식민지 조지안 양식이 미 대륙 전역에 유행하였고 독립전쟁 후 식민지 시대의 종말과 함께 고대 문명과 유럽의 신고전주의 양식의 영향으로 그와 같은 맥락의 미 연방 양식과 그리스 부흥 양식이 뿌리를 내리게 되었다.

미국 식민지 양식(American Colonial Style, 1600~1790)

17세기 초, 미국의 초기 이주자들은 대부분 검소함과 실용성이 몸에 밴 청교도로서 거주지를 직접 개척하고 필수품을 제작하는 등 자립도를 높여감에 따라 거칠지만 나름의 기능성과 경제성을 갖춘 미국 고유의 특성이 있는 양식을 개발하였는데 이를 미국 식민지 양식이라고 한다.

이 양식에는 정착지의 자연환경이 먼저 반영되었고 각자의 삶에 젖어든 모국의 문화도 크게 영향을 미쳤다. 미 대륙의 다양한 기후 조건 때문에 지역에 적합한 건물의 형태가 개발되었다. 예를 들면 덥고 습한 남부 지역의 건물은 비와 열기를 막기 위해 지면을 높여 건물을 앉히고 지붕에 난간을 둘렀지만, 춥고 눈이 많이 오는 북쪽의 네덜란드인 정착지는 눈이 흘러내리도록 경사가 진 지붕을 올렸다. 또한 플로리다와 미국 남서부에

〈그림 42〉 미국 초기 식민지 양식의 전형적인 특징을 보여주는 실내.

서는 스페인 양식이 뚜렷이 나타났는데 개방형 중정 둘레를 두꺼운 벽으로 감싼 주택이 등장하였고, 5대호 연안과 미시시피 강을 따라 형성된 프랑스인 정착지에서는 프랑스 양식이 뚜렷하였다. 이러한 미국 식민지 양식

은 초기 식민지 양식과 식민지 조지안 양식으로 구분된다.

초기 식민지 양식(Early Colonial, 1600~1700)은 초기 식민지 정착민의 거주 환경에서 출발하였다. 농업이 주가 되었던 이들은 기본적인 생활고와 인디언과의 전쟁, 질병 등에 직면하여 진흙과 나뭇가지로 만든 열악한 움막집이나 동굴 이상을 생각할 여유가 없었다. 그러나 산업이 발전하자 이러한 환경으로부터 탈피하여 좀 더 나은 거주 공간을 마련하려는 욕구가 생기게 되어 르네상스나 바로크 양식에 기초한 검소하고 단순한 형태의 주택을 짓게 되었고, 실내디자인은 영국의 초기 르네상스 양식으로부터 영향을 받았다.

전형적인 주택은 하나의 홀로 되어 있어 거실과 부엌, 식당, 침실로 사용되었고 경제적으로 좀 더 여유가 생기면 2층이나 다락에 작은 침실을 증축하는 방식으로 공간을 넓혀 나갔다. 장방형의 홀은 낮은 천장에 들보를 드러내고 나머지 면은 보통 흰색이나 회반죽을 발라 자연스럽게 처리하였으며 참나무로 바닥을 깔았다. 벽에는 벽난로를 설치하여 난방과 조리를 겸하였다(그림 42).

초기 식민지 시대에는 실내 공간이 좁아 최소한의 가구만 들여놓았고 이동하기 쉽게 디자인하여 다용도로 사용하였으며

〈그림 43〉 초기 식민지 양식의 하이보이.

〈그림 44〉 의자와 탁자 겸용의
체어 테이블.

거칠게 표면을 처리하여 실용적으로 사용하였다. 17세기 중반부터는 지방의 장인들이 중세와 르네상스 양식을 제 나름대로 해석, 가구를 제작함으로써 이때부터 미국의 독창적 가구 스타일이 나타나기 시작하였다.

궤는 가장 중요한 가구 아이템 중 하나인데 수납장, 테이블 의자 등으로 사용되다가 다리를 부착하여 코트 찬장(Court cupboard)으로 발전하였다. 코트 찬장은 허리선 높이의 스탠드 위에 얹어 하이보이(Highboy)로 발전되었다(그림 43). 이외에 경첩이 달린 천판을 올리면 의자 등받이가 되는 체어 테이블(Chair Table, 그림 44), 다리를 회전시킬 수 있는 게이트 레그(Gate Leg) 테이블, 나비형 받침대 위의 식탁 상판 길이를 늘일 수 있는 버터플라이(Butterfly) 테이블(그림 45)

〈그림 45〉 탁자의 길이를 늘릴 수 있는
버터플라이 테이블.

〈그림 46〉 미국 식민지 조지안 양식의 주택.

등이 이 시대를 대표하는 가구로 알려졌다.

식민지 조지안 양식(Colonian Georgian, 1700~1790)은 미국 전역의 장인들이 18세기 영국에서 출판된 건축, 디자인 분야의 서적을 참고하여 독창적인 디자인을 만들어 냈지만 크리스토퍼 렌 경과 팔라디오의 건축적 특징을 지녔던 영국의 초기 조지안 양식의 영향하에서 발전되어 식민지 조지안 양식이라고 불린다.

이 시기에는 독특한 구조와 형태의 주택이 미 대륙 전역에 유행하였다. 주택은 장방형의 2, 3층 구조에 전면 중앙의 돌출된 출입구와 삼각 페디먼트를 중심으로 양옆에는 벽기둥, 모임지붕 위에 난간과 굴뚝이 대칭을 이루는 특징을 가지고 있었다 (그림 46).

〈그림 47〉 식민지 조지안 양식의 로보이와 레더백 체어.

실내 공간은 고전적인 팔라디안 양식과 루이 15세 양식에 기초하여 현관 입구부터 뒤쪽까지 넓은 복도로 이어진 구조에 계단을 중심으로 벽난로가 설치되어 고전적인 디테일이 가미되었다. 4~5개의 큰 방이 배치되었으며 방의 천장은 높고 문과 창문에는 고전적인 몰딩과 페디먼트가 추가되어 장식성을 더하였다.

이 시기의 가구는 보스턴, 뉴욕, 필라델피아의 지방색을 띠며 독특하게 제작되었는데 여러 가지 양식을 모방하고 혼합되었으나 영국 조지안 스타일의 영향을 꽤 받았다. 전반에 걸쳐 구조와 장식이 간단해지고 비례는 아름다워졌으며 곡선적인 경향을 보였고 다양한 수종의 목재가 두루 사용되었다. 대표적인 가구로는 영국의 톨보이(Tallboy)에 기초하나 이를 변형시켜 수납장으로 사용하였던 하이보이, 사이드 테이블로 사용하였던 로보이(Low-boy), 등받이 윈저(Windsor) 체어, 래더백(Ladder back)

체어(그림 47), 흔들의자 등이 있다.

미연방 양식(Federal Style), 1790~1820

미연방 양식은 고대 로마 양식과 영국, 프랑스 신고전주의 영향을 받아 발전하였으며 미국 전기 신고전주의 양식이라고도 한다. 이 시기 미국의 공공건물은 고대 로마, 르네상스, 당시의 유럽 건축에 근거하여 대칭 구조에 격조 있는 외형을 지니고 있었고 주택은 아담 스타일의 영국 초기 신고전주의 양식에 따라 우아하고 세련되게 표현되었다.

이 양식을 대표하는 건축가는 토머스 제퍼슨(Thomas Jefferson, 1743~1826)이며 그가 설계한 버지니아대학 건물 앞면은 주랑 현관을 중심으로 창문, 난간, 굴뚝이 대칭을 이루는 구조로 되어 있다(그림 48). 주택은 일반적으로 장방형과 원형, 타원형, 팔

〈그림 48〉 미연방 양식의 특징을 보여주는 버지니아 대학 건물 앞면.

각형 공간이 어우러진 평면으로 설계되었으며 기둥 위에 박공판이 올려지고 굴뚝은 건물의 가장자리에 설치되었다. 실내디자인은 높은 천장에 샹들리에를 매달고 그 주위에 고전적 문양으로 장식하였으며 흰색이나 파스텔조로 채색한 벽에 대리석 벽난로를 설치하여 영국 초기 신고전주의의 특징이 답습되었다.

〈그림 49〉 미연방 양식의 대표 가구 디자이너인 던컨 파이프의 의자.

미연방 양식의 독자적인 미국식 가구를 개발한 디자이너는 뉴욕에서 활동한 던컨 파이프(Duncan Phyfe, 1768~1854)이다. 그는 영국의 셰러턴, 헤플화이트의 영향을 많이 받았지만 이를 재해석하여 단순한 선과 세련된 비례를 가진 가구를 개발하였다(그림 49). 가구 재료로 마호가니와 장미목이 주로 사용되었고 모티프로는 고전적인 것 외에 아메리칸 독수리를 비롯하여 국가적 상징물들이 애용된 것이 그의 가구가 가진 특징이다.

미국의 그리스 부흥(Greek Revival), 미국 엠파이어 양식 (Empire Style, 1820~1860)

1820년 이후 선보인 미국의 건축 양식은 고대 그리스의 건축 양식과 프랑스 앙피르 양식, 영국 리전시 양식의 영향하에 형성되어 미국의 그리스 부흥 양식, 미국 엠파이어 양식으로 불린다. 그리스 부흥 양식은 주택뿐만 아니라 대형 상업 건물에도 유행하여 페디먼트, 기둥, 주랑 현관 등의 고대 그리스 건축적 요소가 많이 채택되었고 심지어 그리스 신전을 모방한 저택까지 등장하였다.

엠파이어 양식은 유럽의 후기 신고전주의 양식을 모방하여 건축의 규모가 커지고 실내 공간이 넓어졌으며 이 덕분에 가구의 크기가 커지고 기하학적 문양과 대비를 이루는 색채를 사용하여 화려하고 대담한 특징을 보인다.

빅토리아 양식(Victorian Style, 1830~1901)

빅토리아 양식은 19세기 중반 영국 빅토리아 여왕 집권기 (1837~1901)에 유행하던 양식이다. 이 시기 유럽은 산업혁명으로 산업화와 기계화가 가속화되어 기술자들은 신재료와 신공법을 이용한 건축과 디자인을 지향하여 대량생산 방식을 사용했다. 빅토리아 시대에 과거와 현대 디자인의 전환점이 되었던 사건은 1851년 런던에서 개최된 대영박람회이다. 죠셉 팩스턴 (Josef Paxton, 1801~1865)에 의해 디자인된 수정궁(Crystal Palace)은 유리와 철 등의 건축 자재를 기계 시대에 접목한 결과이며 에펠탑 등의 유리와 철골조의 고층 건물을 등장시키는 계기가 되었다.

반면 예술가들은 과거의 낭만주의에 집착하여 전통적인 양

〈그림 50〉 빅토리아 시대에 유행한 고딕 부흥 양식의 카펜터 고딕 주택.

식에서 탈피할 수 없었다. 초기의 디자인은 영국 섭정 양식이 주조를 이루었으나 과거의 스타일에 대한 향수로 르네상스, 바로크, 고딕 양식 등 과거 역사적 양식이 소개되면서, 고딕 부흥(Gothic Revival) 양식으로 이어졌으며 카펜터(Carpenter) 고딕 주택(그림 50)을 유행시켰다. 이 주택은 고딕풍의 긴 포인티드(Pointed) 아치 창문과 섬세하게 조각한 소용돌이 문양의 페디먼트 지붕으로 매우 장식적인 외양을 지녔다. 고딕 양식에 뒤이어 이탈리아 저택의 변형인 이탈리아 빌라, 꼭대기 층을 경사진 맨사드(Mansard) 지붕(그림 51)으로 씌우는 맨사드 빅토리안 빌라, 앤 여왕 양식의 빌라가 유행하였다.

또한 사회가 상류와 중류 계층으로 나뉘어 각각의 계층이 사교적인 측면을 중시함에 따라 이를 위한 절충주의적 실내 공간과 가구가 개발되었다. 실내는 그리스와 고딕 양식을 포함한

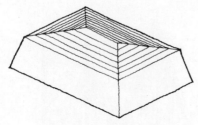

튜더 양식, 무어 양식, 프랑스 양식 등이 복합적으로 결합하여 패턴 벽지, 직물, 융단, 가구, 액세서리 등이 화려한

〈그림 51〉 맨사드 빅토리안 빌라의 맨사드 지붕.

조각과 몰딩, 짙은 색으로 지나치게 장식되는 현상을 낳았다.

가구 역시, 고딕, 르네상스, 프랑스 로코코, 신고전주의, 동양식들을 모방하거나 변형했는데 상류층을 위한 수공예 가구와 중산 계층을 위한 양산 가구가 동시에 생산되었다. 이 시기를 대표하는 건축가 겸 디자이너로는 화려한 장미목 조각을 위해 목재 적층 기술을 개발한 존 헨리 벨터(John Henry Belter, 1804~1863)와 찰스 이스트레이크(Charles Eastlake, 1836~1906)를 들 수 있다. 이와 함께 산업혁명으로 중산 계층의 제품 수요 급증으로 품질이 저하된 기계 생산 가구가 범람하게 되었다.

한편 오스트리아 디자이너인 마이클 토네트(Michael Thonet, 1796~1871)는 1830년대에 최초

〈그림 52〉 마이클 토네트의 비엔나 체어.

의 모던 가구로 평가되는 비엔나 체어(Vienna chair)를 디자인한 진보적인 디자이너로 나무를 구부려 가볍고 우아한 가구를 대량 생산하는 방법을 개발하였다. 토네트의 비엔나 체어(그림 52)와 흔들의자(Rocking chair)는 빅토리아 시기의 초기에 디자인되었으나 현대적인 분위기를 지닌 기능적인 의자로 인정받으며 현재에도 가정에서는 물론 카페나 아이스크림 등의 상점, 공공 건물 등에서도 널리 사용되고 있다.

세기의 전환기

1860년대부터 유럽과 미국에서는 기계에 의한 대량생산으로부터 야기된 품질저하가 기계에 대한 반발로 이어져 수공예로의 복귀를 촉구하는 미술공예 운동이 발생하였다. 이 후 1890년대부터는 과거의 예술 및 건축의 허식과 모방을 비판하고 지나친 장식을 배제하며 사용자, 디자이너, 제작자가 서로 연결되어 기능적이며 미적 가치가 있는 건축과 일상 생활용품을 창조하려는 움직임이 나타나 1910년대까지 유행하였다. 이러한 운동 가운데 세기의 전환기에 모더니즘의 근원이 된 운동은 벨기에와 프랑스를 중심으로 시작된 아르누보와 오스트리아에서 시작된 비엔나 분리운동이다. 비엔나 분리운동은 기본 이념과 시기가 프랑스의 아르누보와 거의 유사하여 학자에 따라서는 아르누보에 포함하기도 하나 작품성향에 차이를 보여 일반적으로 분리한다. 이들은 전통적인 모티프를 답습하여 장식하는 대신 디자인이 형성되는 과정에서 장식을 제거하고 유기적이거나 직선적인 조형성과 기능성을 강조하는 공통점을 지녔다. 그 결과, 현대적 디자인의 근원으로서 기계 공업 사회의 합리적 미학에 다가가는 증거를 제시하였으나 생산 방식으로 보면 다분히 미술공예 운동의 수공예품을 지향하고 있음을 알수 있다.

미술공예 운동(Arts and Crafts Movement, 1860~1920)

19세기 초 기계공업의 발달로 값비싼 수공예품을 공장에서 더 저렴하게 생산하려는 움직임이 일었다. 그러나 기계로 대량생산된 제품들은 디자인과 품질 면에서 수공예품의 질적 가치에 훨씬 미치지 못했다. 이는 기계 생산 방식에 대한 부정과 반발로 이어졌고 1849년 미술 평론가인 존 러스킨(John Ruskin, 1819~1900)은 『건축의 일곱 개 등불(The Seven Lamps of Architecture)』이라는 저서에서 디자이너의 희생과 진실, 순종 등의 가치를 강조하며 고딕 시대의 수공예품 생산 방식으로 돌아갈 것을 호소하였다. 이처럼 기계 생산 방식에 대한 반동으로 시작된 움직임을 '미술공예 운동'이라고 부른다.

이 운동을 이끈 공예가 윌리엄 모리스(William Morris, 1834~1896)는 수공예품의 아름다움과 단순함의 회복을 주창하였다. 그 덕분에 빅토리아 시대의 과도한 장식을 지양하고 간결한 선과 비례를 중시하는 예술 풍조가 등장하였다. 이후 건축 분야에서는 구조의 진실성을 추구하는 중세 고딕 양식이 부흥하였다. 1890년대에 활동한 디자이너 찰스 보이시(Charles F.A. Voysey, 1857~1941)는 모리스 이념의 계승자로 일체의 장식을 배제한 기능 위주의 소박한 실내 분위기를 지닌 주택을 디자인하였으며 이를 위해 벽지에서부터 직물, 가구 등을 직접 제작하였다. 보이시의 가구는 가볍고 단순한 디자인으로 일본에 영향을 주기도 하였다.

미국 캘리포니아에서는 그린 형제(Greene and Greene)로 알려진 찰스 섬너(Charlse Sumner, 1868~1957)와 헨리 매더(Henry Mather, 1870~1954)가 미술공예 운동에 싱글 스타일(Single style) 건축과 일본식 세부 장식을 더하여 발전시켰다. 캘리포니아 패서디나(Pasadena)에 있는 갬블 하우스(Gamble House)는 그린 형제가 디자인한 것으로 목재를 이용한 수공예 실내 장식과 가구는 미술공예 운동을 대표하는 당시 건축과 디자인의 섬세함을 보여주고 있다(그림 53).

〈그림 53〉 미술공예 운동의 특징을 보여주는 갬블 하우스의 실내.

대체로 이 시기에 제작된 가구들은 고전 양식의 실내 분위기와 어울릴 뿐만 아니라 가구의 본래 목적에도 일치하며 형태의 간결함과 비례의 아름다움을 고려한 제품으로 평가받는다. 그러나 이렇게 우수한 장인들의 솜씨로 탄생한 제품들은 대부분 가격이 비싸다는 현실적인 벽을 넘지 못하였다. 그 결과 미술공예 운동은 사회 각 계층으로 확산하는 데 실패했다.

아르누보(Art Nouveau, 1890~1910)

아르누보는 프랑스 로코코(Rococo, 1715~1774) 이래 형성된 최초의 독창적인 스타일로 평가된다. 이 시기의 예술가들은 추상적인 동물 모양이나 식물의 잎과 넝쿨, 백합꽃, 리본이나 채찍, 물결이나 불꽃, 소용돌이 등 유기적인 선과 흐르는 듯한 형태에 기초한 새로운 양식을 선보였는데 그 당시 새로운 재료로 등장한 철은 이러한 아르누보 양식을 표현하는 데 적합한 소재로 즐겨 이용되었다(그림 54).

이 시기에는 일상의 사물이 지닌 아름다움을 훌륭한 수공

〈그림 54〉 기하학적 직선, 혹은 유기적인 곡선이 사용된 아르누보 양식의 벽난로.

예품으로 표현해야 한다는 생각에 바탕을 두고 과거의 공예품 제작 방식을 그대로 답습하였다. 벨기에의 건축가 빅토르 오르타(Victor Horta, 1861~1947)가 디자인한 브뤼셀(Brussels)의 타셀(Tassel, 1892~1893) 저택은 그의 대표작 중 하나로 아르누보 스타일로 디자인한 가장 초기의 개인 주택이다. 소용돌이치는 유기체의 형태가 현관을 장식하고 있으며 우아한 계단 난간과 기둥은 철로 만들어졌다(그림 55).

프랑스에 아르누보 양식을 도입한 실내 건축가 엑토르 기마르(Hector Guimard, 1867~1942)는 가구, 설비, 조명등, 문 손잡이 장식에서부터 길고 구불구불한 특수 못까지 직접 디자인하였다. 이러한 요소들이 전체적으로 융합되어 실내의 일부분으로 통합되었다.

〈그림 55〉 빅토르 오르타의 타셀 저택 계단실.

스페인을 대표하는 안토니오 가우디(Antonio Gaudi, 1852~1926)는 아르누보 운동에 참여한 가장 창조적이고 진보적인 건축가 중 한 사람이라는 평가를 받는다. 그의 구불구불하며 선이 흐르는 듯한 건물 형태와 유기적인 형태의 창문은 바람에 날려 텅 빈 듯한 느

〈그림 56〉 안토니오 가우디의 카사 밀라(Casa Mila)의 외관.

낌이 든다. 또한 실내 공간은 마치 잡아당긴 듯이 뒤틀린 형태를 보이며 이러한 느낌은 그의 가구에서도 엿볼 수 있다(그림 56).

스코틀랜드의 찰스 매킨토시(Charles Mackintosh, 1868~1928)는 대영제국에서 아르누보 양식으로 작업한 유일한 건축가였는데 강한 기하학적 형태를 아르누보와 결합시켰다.

미국을 대표하는 아르누보 디자이너 중 시카고 출신인 루이스 설리번(Louis Sullivan, 1856~1924)은 흐르는 듯한 꽃문양을 외부에 적용한 상업 건물을 디자인하였다. 또한 뉴욕 출신의 루이스 티파니(Louis Tiffany, 1848~1933)는 유리와 금속을 결합한 새로운 스테인드글라스 기법을 개발하였으며 창문과 전등갓에 장식적인 문양과 선명한 색채를 사용한 것으로 유명하다.

비엔나 분리운동(The Vienna Secession Movement, 1897~1911)

　20세기에 들어서자 독일과 오스트리아에서는 근대 공학기술의 발달과 사회의 변화를 의식하여 보수적인 비엔나 아카데미에서 분리되어 독자적이고 진보적인 새로운 창조를 이념으로 하는 움직임이 일어났다. 당시 이 운동을 주도적으로 이끌었던 오스트리아 건축가 오토 바그너(Otto Wagner, 1870~1918)는 "새로운 양식은 재료와 과제, 생각에서부터 새로워야 하며, 이를 위해 기존 형식을 완전히 바꾸거나 새로운 형식을 받아들여야 한다."라고 주장하였다. 또한 "실용적이지 않은 것은 아름답지 않다."라고 강조하였다.

　한편 비엔나의 대표적인 건축가 아돌프 로스(Adolf Loos, 1870~1933)는 "장식은 죄악이다."라는 구호로 사회적 반향을 크게 불러일으키며 장식 추방 운동에 나섰다. 이들 외에도 죠셉 호프만(Josef Hoffman, 1870~1956), 콜로만 모저(Koloman Moser, 1868~1918) 등은 1898년 전시회를 개최하여 오스트리아뿐만 아니라 유럽의 대중들에게 그들의 이념을 소개하고 발전시키는 데 중요한 역할을 하였다. 그 후 1903년에는 비엔나 공방(Wiener Werkstatte)을 설립하여 숙련된 장인을 양성하는가 하면 다양한 수공예품을 생산하기 시작하였다.

비록 비엔나 분리운동이 서양의 건축, 실내디자인 분야에 디자인적으로 지대한 영향을 끼치지는 못했고 1920년대 이후에는 쇠퇴하여 확산에 실패했지만 모더니즘의 기초를 마련하는 데 한 획을 그었다는 사실은 부인할 수 없다.

20세기 모더니즘

20세기 초 유럽 국가 대부분이 여전히 전통적인 양식과 절충적인 양식에 매달리고 있을 때 네덜란드, 독일, 미국 시카고에서는 기능주의에 입각한 건축 욕구가 증가하였다. 이에 기능을 우선시하고 재료의 정직성과 단순미를 추구하는 스틸 운동이 시작되었으며 이 운동은 바우하우스를 거쳐 국제주의 양식으로 발전되어 전 세계로 확산했다. 그러나 제2차 세계대전 이후에는 동질성과 몰개성에 대한 반발로 건축과 디자인은 다양성의 국면을 맞게 되었다. 국제주의 양식을 더욱 발전시켜 절제의 미를 최고의 가치로 삼는 미니멀리즘이 주류를 형성하는 가운데 스칸디나비아 디자인이 두각을 나타냈고 야수주의(Brutalism)와 신절충주의가 또 다른 트렌드를 형성하였다.

모더니즘의 기수들

   기능주의 중심의 현대적 디자인은 모던 양식의 건축과 디자인 발전에 개척자 역할을 한 몇 명의 디자이너가 있었기에 가능하였다.

   미국의 건축가 루이스 설리번은 "형태는 기능을 따른다."라는 유명한 명제로 기능주의에 입각한 그의 디자인 철학을 대변하였다. 설리번의 제자인 프랭크 로이드 라이트(Frank Lloyd Wright, 1867~1959)는 가구와 건축이 환경과 조화를 이루어야 한다는 유기적 건축 이론을 발전시켰다. 라이트는 미국의 풍토에 맞는 건축물을 다수 디자인하였는데 건물의 기능, 재료, 자연환경이 함께 조화되는 유기적인 건축물을 짓고자 노력하였다. 라이트의 현대 주거 디자인인 낙수장(Falling Water, 1936, 그림 57)은 콘크리트 대신 자연환경과 조화되는 돌, 목재, 나무 등을 건축 재료로 사용하여 서부 펜실베이니아주의 폭포 위에 건축함으로써 "건축은 자연에서 발생한다."라는 건축적 조형 언어를 입증하였다. 라이트가 지은 주택은 넓고 개방성 있는 실내 공간을 특징으로 하고 가구들을 붙박이식으로 제작하여 건축과 가구를 하나로 통합하는 데 성공하였다. 라이트는 인체의 동작 중에 앉는 동작보다 서거나 기대는 동작이 훨씬 자연스럽다는 소신이 있었는데 이러한 그의 생각은 디자인으로 연결되어 기하학적이면서 다소 불편하기까지도 하였다.

   스위스 태생의 건축가이자 디자이너인 르코르뷔지에(Le

<그림 57> 자연과 일치를 이루는 프랭크 로이드 라이트의 낙수장.

Corbusier, 1887~1965)는 단순한 입체파 스타일의 디자인을 즐겨 사용한 프랑스의 선구적인 모더니스트였다. 그는 질서 정연한 모듈의 원칙을 기초로 기능과 아름다움을 동시에 추구하며 기하학적 추상미를 가진 건물과 가구를 디자인하였다. 그의 "주택은 삶을 위한 기계"라는 신념은 바우하우스를 통해 확산하고 국제주의 양식을 미국과 유럽에 확산시키기에 충분하였다.

데 스틸(De Stijl, 1917~1931)

20세기 초, 유럽에서는 모더니즘의 발전 과정에서 아르누보에 대한 반발로 기능과 재료의 단순화와 조화를 추구하는 운동이 일어났다. 이 운동은 네덜란드의 로테르담에서 1917년부터 1928년까지 출간되던 「데 스틸」이라는 잡지에서 비롯되었는데 이 잡지는 화가인 몬드리안(Mondrian, 1872~1944)을 주축으로 신조형 운동(Neo-Plasticism)의 매개체 역할을 하였고 이 운동의 이념은 현대 디자인 운동으로 발전된 독일의 바우하우스(Bauhaus)에 큰 영향을 미쳤다.

데 스틸 운동을 주도하였던 예술가와 건축가들은 디자인의 여러 가지 요소들을 절제하고 몇 개의 선과 기하학적 형태, 추상적 아름다움을 표현하고자 하였다. 디자인의 특징은 가구디자이너인 게릿 리트벨트(Gerrit Rietveld, 1888~1964)의 레드 앤드 블루 체어(Red & blue chair, 그림 58)에서 찾아볼 수 있다. 이 의자는 평평한 판재를 절단하여 단순하게 접합한 구조에 빨강과 파랑의 원색을 사

〈그림 58〉 게릿 리트벨트의
레드 앤드 블루 체어.

용하여 기계의 미학과 대담한 색채 대비로 아름다움을 추구한
획기적인 의자였다.

바우하우스(Bauhaus, 1919~1933)

'바우하우스'는 독일어로 "집을 짓다."라는 뜻이다. 1919년 독
일의 바이마르에서 설립된 20세기에 가장 실험적이었던 미술,
디자인, 건축 학교의 이름이자 모던 건축과 디자인에 가장 영
향력이 컸던 운동의 하나이다. 건축가인 발터 그로피우스(Walter
Gropius, 1883~1969)가 설립하고 이끈 바우하우스는 기계 시대에
걸맞은 새로운 디자인 교육으로 기능주의 이념에 기초한다. 기
능주의란 "모든 물건의 디자인은 기능에 불필요한 요인을 배제
하고 기능적인 형태를 창조할 때 비로소 가장 아름답다."라는
사고방식에서 출발하였다.

바우하우스의 설립 목표는 예술을 산업과 기술, 생산에 결
합하는 데 있다. "기능이 모든 디자인의 기초요 목적이다."라는
철학과 "형태는 기능을 따른다."라는 신조에 근거하여 예술가,
건축가, 실내 및 산업 디자이너와 장인이 협업하였다.

1930년에는 근대 건축의 3대 거장 중 한 사람으로 손꼽히
는 미스 반데어로에(Mies van der Rohe, 1886~1969)가 이 운동을 계
승하였고 1933년 나치에 의해 베를린에서 해체된 이후 바우하
우스의 모더니스트들은 미국으로 옮겨가 모호이 너지(Moholy-
Nagy, 1895~1946)를 필두로 르코르뷔지에, 마르셀 브로이어

(Marcel Breuer, 1902~1981)가 함께 시카고 디자인 대학에서 바우하우스의 이념을 발전시켜 미술, 건축 디자인 분야에 깊은 영향을 주었다.

바우하우스 디자인은 기능주의적 사고, 신소재, 구조적 기술과 통합되어 건축과 가구의 완제품에 적용되었다. 기계 시대의 특징을 자신의 디자인에서 보여준 대표적인 사람은 건축가 겸 디자이너였던 미스 반데어로에와 마르셀 브로이어다. 로에는 단순함 속에서 완벽하고 풍부한 아름다움을 추구하여 "적을수록 풍부하다."라는 말을 남겼고, 그의 디자인 신조처럼 유리벽을 이용한 커튼 월(Curtain wall) 공법을 주로 사용하여 개방적이고 단순하며 냉철한 느낌의 현대미를 살린 건축을 주도하였다.

이들은 가구 디자인에서 크롬, 강관 등의 혁신적인 재료를 주로 사용하였으며 로에의 바르셀로나 체어(Barcelona chair)와 브로이어의 바실리 체어(Wassily chair)는 오늘날에도 디자인의 진수로 평가받고 있다(그림 59).

〈그림 59〉 모던클래식으로 평가받고 있는
미스 반데어로에의 바르셀로나 체어와 마르셀 브로이어의 바실리 체어.

국제주의 양식(International Style, 1920~1950)

국제주의 양식은 미스 반데어로에, 르코르뷔지에, 발터 그로피우스 등이 이끌었던 독일의 바우하우스를 중심으로 1920년대에 시작되었고 1930년대 이후에는 미국 전역에 널리 퍼지게 되었다. 그리하여 현대 건축의 세계적인 주류로 자리를 잡았으며 제2차 세계대전 이후에는 전 세계의 디자인을 주도하였다. 국제주의 양식이라는 용어는 미국의 건축가 필립 존슨(Philip Johnson, 1906~2005)과 헨리 히치콕(Henry Hitchcock, 1903~1987)이 1932년 뉴욕 현대미술관에서 개최된 국제건축전시회 안내 책자에서 처음 사용하였다.

국제주의 양식은 기능성, 직선적 형태, 장식 배제, 재료의 특성이 반영된 디자인 등을 특징으로 하며 말끔하고 기능적이며 구조와 재료를 강조한다. 또한 합성섬유와 플라스틱을 포함한 신소재 재료와 새로운 기술이 접목하여 디자인에 영향을 주게 되었다.

건축은 유리와 강철로 이루어진 커튼월 방식의 마천루로 대표되고 이 때문에 초고층의 탁 트인 실내 계획이 요구되었다. 실내디자인에서 두드러진 점은 흰색 마감과 개방형 평면, 넓은 유리창을 꼽을 수 있다.

그로피우스에 의해 시작된 조립식 건축 방법은 세계 어느 곳에서나 동일한 모양의 건물을 건축하게 하였으며 그 덕분에 지역적인 특성이 줄어드는 경향이 나타났다.

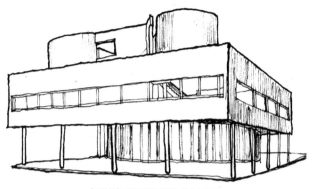

〈그림 60〉 르코르뷔지에의 사부아 주택.

이러한 국제적인 합리주의, 혹은 기능주의 건축 사상의 기수가 되었던 인물로는 주로 파리에서 활동한 르코르뷔지에를 들 수 있다. 기능주의에 입각한 그의 기계 미학은 이 시기의 모든 건축과 실내디자인 및 가구에 일관되게 적용되었고, 1929년 프랑스 교외 포이시(Poesy)에 세워진 단순한 상자 형태의 사부아 주택(Villa Savoye, 그림 60)이 가장 대표적인 사례이다. 그러나 전후에는 유기적이고 조각적인 경향이 추가되는데 롱샹(Ronchamp) 교회(그림 61)를 통해 변화된 그의 작품 성향을 살펴볼 수 있다. 롱샹 교회는 철근 콘크리트, 스터코, 철강 그리고 유리 등의 일반 재료를 사용하여 기하학적인 형태를 만들고, 두꺼운 벽에 다양한 크기의 작은 창들을 통하여 신비로운 느낌의 채광 효과를 자아내는 실내를 연출하였다.

〈그림 61〉 르코르뷔지에의 롱상 교회.

아르데코(Art Deco, 1920~1930)

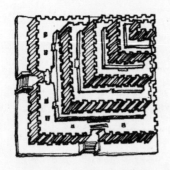

〈그림 62〉 아르데코 양식에 채용되던
지구라트와 지그재그.

파리의 현대적인 양식을 대표하는 아르데코 디자인은 1925년 개최된 '장식미술 국제박람회'에서 유래한 말로 '장식미술(Les Arts Decoratifs)'을 뜻하는 용어이며 1930년대 양식적 발전을 가리키는 유행어 또는 유행하던 양식이다. 이 양식은 전통적인 형태에 새로운 재료와 기하학적 형태를 적용해 현대적이며 유기적이고 풍자적인 분

〈그림 63〉 아르데코 양식의 크라이슬러 빌딩 상부와 디테일.

위기를 연출하는 것이 특징이다. 영화, 무대, 재즈 음악, 아프리카 예술, 신기술의 매력으로부터 영감을 얻었으며 대중이 추구하는 우아하고 화려한 색채와 검은색, 붉은색 등 아프리카 예술의 영향을 받은 대담한 색채가 주로 사용되었다. 또한 피라미드, 지구라트(Ziggurat, 스텝 피라미드), 지그재그(Zigzag, 그림 62), 강한 햇빛을 포함한 강한 기하학적인 형태 등을 옹호했다.

아르데코 양식은 유럽의 유명 건축가들이 미국으로 건너와 고층 빌딩에 접목함으로써 독특하게 발전하였는데 맨해튼(Manhattan)의 엠파이어 스테이트 빌딩(Empire State building), 크라이슬러 빌딩(Chrisler building, 그림 63) 등이 그 예이다.

당시 실내 디자인 및 가구 디자인에서도 지그재그 모던(modern), 유선형 모던, 고전형 모던 등의 다양한 특징이 나타났다. 그중 미국의 가구 디자이너 폴 프랭클(Paul Frankl, 1886~1958)

은 미국의 마천루로부터 영감을 받아 1925년 초부터 고층빌딩 스타일을 적용한 아르데코 양식의 가구를 디자인하였다.

전후 모더니즘(1950~1970)

미술공예 운동, 바우하우스, 국제주의 양식을 거쳐 후기산업사회를 맞이하면서 1950년대 이후의 건축과 디자인은 새로운 국면을 맞게 되었다. 미니멀리즘이 시장의 주류를 형성한 데 이어 스칸디나비아 디자인이 두각을 나타냈다. 유럽에서는 국제주의 양식과 대조를 이루는 야수주의가 태동했으며 신절충주의가 또 다른 트렌드를 형성하였다.

극단적인 단순함을 추구하여 장식을 배제하고 기능을 강조하는 미니멀리즘 건축가와 디자이너들은 개인적인 주관을 배제하고 곡선보다는 직선을, 다양한 색채보다는 무채색을, 화려한 장식보다는 실용성을, 인공적인 소재보다는 자연 소재를 사용하여 사물의 고유한 특성을 표현하고자 하였다. 따라서 미니멀리즘의 실내 공간과 가구는 기능적으로 반드시 필요한 것만을 채용하고 나머지는 생략함으로써 단순성, 명료성, 반복성, 순수성을 공통으로 보여준다.

전통적인 장인정신을 현대적인 기능주의와 결합한 스칸디나비아 디자인은 건축, 실내, 가구 디자인 분야에서 발전과 정착에 기여하였는데 여기에 속한 대표적인 디자이너로는 알바 알토(Alvar Aalto, 1898~1976), 찰스 임스(Charles Eames, 1907~1978), 에

〈그림 64〉 알바 알토의 파이미오 안락의자.

로 사리넨(Eero Saarinen, 1910~1961) 등이 있다.

핀란드 출신의 알바 알토는 음향과 조명에 대한 특별한 관심으로 독특한 실내를 창조하였다. 가구의 주재료로 자작나무 합판을 주로 사용하였으며 목재를 적층시켜 휘어지게 하는 기법으로 개발한 파이미오(Paimio) 안락의자(그림 64)는 목재의 특성을 최대한 살린 아름다운 가구로 오늘날 널리 복제되고 있다. 찰스 임스는 로스앤젤레스 그의 저택에 창문, 벽체, 실내 구성 요소의 위치 변화가 쉽도록 모듈러(Modular) 경량 철골구조 시스템을 이용하여 가변성 있는 건축을 시도함으로써 혁신적인 건축을 발전시키는 계기를 마련하였다. 또한 성형 합판과 섬유 유리로 만들어진 의자를 개발하였으며 합판을 절단하여 다양한 구조의 유연한 형태로 성형한 의자는 현재도 사랑받는 모던 클래식 스타일의 대표적인 의자가 되었다. 그리고 에로 사리넨은 구조와 실내 공간 그리고 재료가 모두 통합된 건물 전체의 유동성이 매우 뛰어나 현대 건축의 대명사로 불리는 케네디 국제공항의 TWA 터미널(1962)을 포함한 수많은 건축 작품을 남겼다. 특히 아버지와 함께 개발한 움 체어(Womb chair, 1948)와 튤립 체어(Tulip chair, 그림 65)는 성형 유리 섬유와 강화 플라스틱의 물적 특성을 잘 반영한 획기적인 디자인으로 평가된다. 이 외에도 아르네 야콥슨(Arne Jacobson)은 휴식용 에그 체어(Egg chiar, 그림 66)와 대화용 스완 체어(Swan chair)를 통해 가구는 용도와 목적에 맞게 디자인되어야 한다는 그의 신념을 잘 표현하고 있으며 그가 디자인한 의자는 아름다운 곡선으로 유명하다.

〈그림 65〉 에로 사리넨의 툴립 체어.

야수주의 건축은 육중한 양감과 거친 재질감, 대담한 색채를 특징으로 하며 콘크리트와 회반죽은 재료의 유연성을 나타내는 형태로 성형되어 조각적인 양상을 지닌 건축물로 실내에 빛을 제공하기 위해 개구부를 뚫기도 하였다. 대표적인 건축가로는 루이스 칸(Louis Kahn, 1901~1974)을 들 수 있다. 그는 콘크리트와 벽돌을 사용하여 일련의 건물을 디자인하였으며 그는 이러한 재료의 특성을 충분히 이해하고 새로운 풍요로움을 작품에 표현하였다.

신절충주의는 전통적인 양식으로부터 필요한 부분을 도입하여 새로운 디자인을 창조하였다. 대표하는 디자인과 주목할 만한 영향력을 보인 건축가로는 브루스 고프(Bruce Goff, 1904~1982)를 들 수 있다. 그는 실내 공간에서 자유로운 동선의 흐름에 중점을 둔 모더니즘적 특성과 다양한 재료, 양식을 결

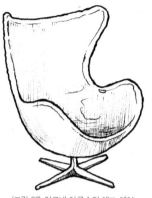
〈그림 66〉 아르네 야콥슨의 에그 체어.

합한 절충주의 기법을 결합
하여 신개념의 디자인을 창
조하였다.

1960년~ 현재

1960년대 이후에는 전후 과도기적 다양성을 추구하는 가운데 트렌드 형성기를 거치면서 모더니즘에 대한 반작용이 다시 도래하였다. 특히 디자인 분야에서는 새로운 방향에 대한 모색과 과거에 대한 고찰이 공존하며 서로 다른 양식과 사조가 유행하였다. 이 가운데 후기 모더니즘, 포스트모더니즘, 하이테크, 해체주의 등의 특정 성향이 건축과 실내디자인계에 주류를 이루며 나타났다.

후기 모더니즘(Late Modernism, 1970~1990)

후기 모더니즘은 20세기 후반에 성행했던 다양한 시도 중

모더니즘을 가장 보수적으로 발전시켜 1980년대와 1990년대의 디자인을 주도한 하나의 조류로 알려졌다. 이는 모던 스타일을 탈피하여 시대가 요구하는 진보의 필요성을 인정했지만 확고한 기반을 모더니즘의 개척자 사상에 두고 있다. 후기 모더니스트들은 근대 거장들의 작품을 '실패'라고 규정짓지 않고 그들이 전개했던 디자인보다 더 과감하고 심미적인 새로운 형태를 추구하며 작품 활동을 하였다. 아이 엠 페이(I M Pei, 1907~)의 건축은 르코르뷔지에와 미스 반데어로에의 사상과 철학에 기초하고 있는데 페이가 독창적으로 개발한 것처럼 보이는 디자인 언어들조차 모더니즘의 주된 작품과 깊은 관련이 있다. 리처드 마이어(Richard Meier, 1934~)의 작품 역시 르코르뷔지에의 작품에 영향을 받아 발전시킨 것으로 보인다. 또한 양감과 질감이라는 조형언어를 구사하여 야수주의로 분류되기도 하는 루이스 칸은 그의 후기 프로젝트인 텍사스의 킴벨 박물관(Kimbell Art Museum)에서 어떤 종류의 표면적 장식도 없이 매우 절제된 형태 안에 빛을 도입하여 건축의 본질에 접근함으로써 후기 모더니스트의 반열에 들기도 한다.

포스트모더니즘(Post-Modernism, 1960~1990)

포스트모더니즘은 과거 모더니즘을 넘어 발전한 모든 다른 디자인 성향을 일컫는 말이다. 그러나 일반적으로 그 가운데 모더니즘의 엘리트성, 논리성, 기능성, 단순성, 추상성 등에 반발하여 사회적인 현상과 역사적 양식을 회고하고 학문적인 고급문화와 저급한 대중문화의 경계를 제거하여 대중들이 더 쉽게 이해할 수 있는 해법을 제시한 성향이 가장 강하다. 포스트모더니즘이 등장한 것은 로버트 벤투리(Robert Venturi, 1925~)를 비롯하여 몇몇 디자이너들이 과거의 모더니즘과 국제주의 양식이 지나쳐버린 이러한 의미들을 찾기 위해 역사적인 예와 장식을 받아들이는 데 앞장서면서 대두하였지만 1970년대 미국의 에너지 위기와 건축 경기 퇴조, 극심한 인플레이션과 맞물려 본격화되었다.

포스트모더니즘 디자인은 일차적으로 고전적인 장식 요소와 지역적인 토속 디자인 양식 및 전통적인 재료를 차용하려 하였으나 이를 동시대적으로 해석하여 작가 고유의 어휘로 표현했기 때문에 다양성, 상징성, 역사성, 지역적 맥락성 등의 특징들이 나타난다.

그 가운데 과거의 디자인에 영향을 받아 고전적이고 단순화된 우아함을 추구하는 클래식 모더니즘이 주도적으로 발전하였으며 대표적 건축가로는 로버트 스턴(Robert Stern, 1939~), 필립 존슨(Philip Johnson, 1906~2005), 찰스 젱크스(Charles Jenks, 1939~), 찰스 무어(Charles Moor, 1925~1993) 등이 있다. 특히 스턴은 건축 외장이나 내장 모두에 과거 고전주의 시대의 역사적 양식을 수용하였고 존슨이 디자인한 AT & T 빌딩은 치펜데일(Chippendale) 양식의 하이보이로부터 영감을 받은 작품으로 평가된다.

포스트모더니즘의 또 다른 선구자로 거론되고 있는 마이클 그레이브스(Michael Graves, 1934~)는 1970년대 후반까지 현대 미국 사회의 정체성을 찾기 위해 환상적인 형태와 과거의 요소를 결합해 은유와 풍자로 표현한 작품을 많이 설계하였다.

또한 이탈리아의 모던 디자인은 1970년대에 모더니즘 양식을 거부하기 시작한 조 콜롬보(Joe Columbo, 1930~1971)와 같은 아방가르드(Avant-garde) 디자이너들에 의해 도전을 받게 되면서 1981년 밀라노에서 멤피스(Memphis) 그룹이 스타일, 색상 그리고 형태 표현의 자유를 주장하며 가구 전시회를 하게 된다. 여기에서 선명한 원색조의 플라스틱 라미네이트로 마감한 가구를 선보임으로써 대중에게 충격을 주었다. 이러한 멤피스 스타일 역시 기성 틀로부터 이탈하여 탈모더니즘과 독창성, 다양성을 추구하였다는 맥락에서 포스트모더니즘의 조류로 이해될 수 있다.

다양한 조류를 포괄하였던 포스트모더니즘은 해체주의라는 새로운 디자인 사조에 의해 대체되어 이제는 지나간 경향으로 평가되는 것이 일반적 견해이다.

하이테크(Hightech, 1960~)

1960년대 이래 모든 건축가와 실내 디자이너들이 모더니즘에 반기를 든 것은 아니다. 일부 건축가들은 과학, 기계, 첨단 소재를 더욱 강조하여 외부에 그대로 노출함으로써 하이 테크

〈그림 67〉 하이테크의 대표작 중의 하나인
퐁피두 센터.

놀로지(High Technology)를 과시하였는데 이러한 경향을 '하이테크'라 부른다. 이러한 경향의 출발은 건축가 겸 발명가인 미래주의자 버크민스터 풀러(Buckminster Fuller, 1895~1983)의 작품에서 찾을 수 있다.

그는 1927년 기계로 조립된 재료를 사용하여 기능주의의 결정체인 다이맥시온 하우스(Dymaxion house)를 디자인하여 모더니스트의 위치에 올랐으며 1967년 몬트리올 세계무역박람회의 U.S. 파빌리온이었던 제오데식 돔(Geodesic dome)은 하이테크 건축 구조의 한 예로 현재에도 다양하게 응용되고 있다. 이러한 하이테크가 성숙한 양식으로 자리 잡게 된 시기는 1980년대와 1990년대이며, 컴퓨터 지향적이고 우주항공과 연관된 기술을 바탕으로 첨단기술과 동일시되므로 미래에도 지속할 것으로 보인다.

하이테크 건축의 특징은 노출되는 기술적 요소들의 시각적 표현이라고 할 수 있는데 구조와 설비 요소를 숨기는 대신 노출하여 주요 디자인의 요소로 사용함으로써 심리적 효과를 극대화한다. 때로는 이러한 보조 시스템의 기계미가 복잡하게 보

〈그림 68〉 베를린 국회의사당 전경과
노먼 포스터가 설계한 돔.

이기도 하지만 이는 장식적 표현이 아니라 건축 구조에 관한
본질적 표현으로 이해된다.

하이테크의 상징은 이탈리아의 건축가 리처드 로저스(Richard
Rogers, 1933~)와 렌조 피아노(Renzo Piano, 1937~)에 의해 지휘·
감독된 파리의 퐁피두 센터(Centre Pompidou, 1977, 그림 67)이며,
1999년 완공된 노먼 포스터(Norman Foster, 1935~)의 베를린 국
회의사당 돔(Dome, 그림 68)은 하이테크의 최대 걸작품 중 하나
로 손꼽힌다.

해체주의(Deconstructionism)

해체주의는 상반된 견해를 중시하며 사고를 분리하고 해체할 때 새로운 견해가 생성될 수 있다는 유럽 철학자들의 문학적 사고에서 파생된 경향이다. 건축과 실내디자인에서 해체주의는 기존의 고정관념과 인식을 바꾸는 데서 출발한다. 구성요소를 조각으로 분해하고 전체의 조합으로가 아니라 해체와 재결합을 통해 새로운 형태가 창조되므로 해체주의 작품은 일관적이거나 논리적이진 않지만 나름대로 질서 속에서 부분적 요소로 통합된다. 또한 전체에서 분리된 요소들은 중복으로 사용되는데 대개는 각지고 실내·외로 상호 침투하여 의도적으로 기존의 미학적 기준을 부정한다. 이러한 특징은 부분적으로 1920년대 러시아의 아방가르드를 중심으로 퍼져 나갔던 러시아 구조주의를 상기시킨다.

해체주의 작품의 저변에 깔린 비상식적인 미의 추구는 보편적인 미와 이를 따르는 대중적인 공식에 대한 도전이지만 동시

〈그림 69〉 해체주의를 대표하는 건축가인 프랑크 게리의 빌바오 구겐하임 미술관.

대의 그 어떤 사조보다 더 큰 관심과 강도로 대중에게 수용되고 큰 반향을 불러일으켰다.

베르나르 추미(Bernard Tschumi, 1944~)가 디자인한 파리의 라빌레뜨 공원(Parc de la Villette)의 파빌리온은 서로 다른 입방체의 공간과 색채로 언뜻 복잡해 보이지만 결코 장식적이지는 않은 부분적 요소가 커다란 전체의 일부로 작용하여 활기와 유쾌함을 제공한다.

프랭크 게리(Frank Gehry, 1929~)의 빌바오(Bilbao) 구겐하임(Guggenheim) 미술관(그림 69), 일명 진저 앤 프레드(Ginger and Fred)로 불리는 프라하의 댄싱 하우스(Casa Danzante, 그림 70) 등의 작

〈그림 70〉 해체주의를 대표하는 건축가인 프랭크 게리의 프라하의 댄싱 하우스.

품 역시 자연이나 자신의 경험에서 출발하지만 기존의 논리와 규칙에서 탈피하여 콜라주 개념의 역동적이고 독창적 형태를 창조하였다는 측면에서 해체주의적 특성을 보여주는 대표적인 사례라고 할 수 있다. 이 외에도 피터 아이젠먼(Peter Eisenman, 1932~), 다니엘 리베스킨트(Daniel Libeskind, 1946~) 등이 해체주의적 경향을 지니고 있다고 말할 수 있다. 그러나 이들의 일부 작품은 심미적인 목표를 위해서 형태 창출에 집착한 나머지 기능에 소홀했다는 거센 비난을 받는 것도 사실이다.

마치며

　건축과 실내디자인의 역사는 역사적 발전과 그 맥을 같이 하여 시대와 삶의 현장을 기록한 실체라 해도 과언이 아니다. 따라서 시대의 흐름에 따라 역사적인 양식들이 어떤 목적으로 형성되고 어디로 전파되어 어떠한 모습으로 적용되었는지를 이해하는 것은 의미가 있다. 역사적 산물에 대한 고찰과 수용은 현재 우리가 누리고 있는 환경 전반을 읽는 것과 앞으로 전개될 새로운 양식을 예측하는 데 도움이 된다.

　오늘날 건축과 실내공간은 프랭크 로이드 라이트(Frank Lloyd Wright, 1867~1959)가 언급했던 "인간이 사용하도록 제공된 자원, 인간의 삶이 내재하는 곳" 이상의 의미와 중요성이 있다. 왜냐하면 공간 자체가 갖는 본질적 가치에 충실한 장소로서의 공간이 전체를 이루는 큰 부분임이 틀림없지만 사회적 변화에 따라 신개념의 요구를 최대한 수용하여 창조된 공간, 공간의 본질적 가치보다 풍요가 낳은 부가적 요소를 통해 특정 소수가 선택적으로 누리는 장소로서의 공간, 기존의 가치와 보편적 질서에 대한 부정과 반항을 통해 극단적으로 창조되는 공간 등이 갖는 의미와 가치를 간과할 수 없게 되었기 때문이다.

21세기에 진입한 현재, 1970년대 이후 건축과 실내디자인 분야를 주도하던 다양한 양식 중 일부는 이미 쇠퇴기로 접어들었고 일부는 일시적 유행으로 막을 내릴 것인지 아니면 21세기를 대표하는 명확한 흐름으로 발전될 것인지 지켜봐야 할 것이다. 다만 과거의 역사적 변천을 되짚어 볼 때, 미래에는 디자인의 순환주기가 더 짧아질 것이며 특정 양식이 소수를 흡수하여 압도적인 가치 체계를 형성하기보다는 다양한 양식과 트렌드가 공존하여 취사선택의 폭이 넓어질 가능성이 크다고 본다. 과거의 역사적 양식을 모방하거나 참조한 양식들이 시대의 요구를 수용하고 건축가나 디자이너의 개성을 반영하여 공급될 것이다. 또한 최첨단 소재와 혁신적인 신공법을 활용하여 역사적 선례가 없었던 양식이 출현할 수도 있으며 독자적인 철학과 신념을 지닌 개척자에 의해 예측지 못한 디자인이 대두할 수도 있다. 더불어 자연환경의 지속 가능성에 대한 논의가 더 건축에 반영될 것이며 사용자와 공급자가 쌍방으로 참여하여 결과를 창출하는 사용자 중심의 디자인도 하나의 흐름이 될 것으로 예측된다.

참고문헌

Allen, Phyllis Sloan;Jones, Lynn M; Stimpson, Miram F., 『Beginnings of Interior environments』, Pearson Education, Inc., 2004.

Charles Boyce, 『Dictionary of Furniture』, Facts on File Publication, 1985.

Courtenay-Thompson, Fiona (Edt), Tritton Roger 『The Visual Dictionary of Buildings 』, Dorling Kindersley, 1993.

Cyril M. Harris, 『Dictionary of Architecture & Construction』, McGrow-Hill Inc., 1993.

Francis D. K. Ching, 『A Visual Dictionary of Architecture』, Van Nostrand Reinhold, 1995.

Green and Green, 『Gamble House』, Phaidon, 1992.

Helene Hayward, 『World Furniture』The Hamlyn Publishing Group Ltd., 1979.

John Pile, 『A History of Interior Design, John Wiley & sons, Inc., 2000.

Marin Trachtenberg, Isabel Hyman, 『Architecture from Prehistory to Post-Modernism』, Harry N. Abrams Inc., 1986.

Martin M. Pegler, 『The Dictionary of Interior Design』, Fairchild Publications, N.Y., 1989.

Mary Gilliant, 『Period Style』, Littlebrown and Company, 1990.

Noel Riley, 『World Furniture』, Chartwall Books Inc., 1989.

Rosemary Kilmer, W. Otie Kilmer『Designing Interiors』, Harcourt Brace Jovanovich Publishers, 1997.

Sam Burchell, 『A History of Furniture』, Harry N. Abrams, Inc., 1991.

민찬홍, 박영순, 오혜경, 천진희, 『그림으로 이해한 실내디자인 용어』, 교문사, 2005.

박진배 역, 『미래디자인 선언』, 도서출판 가인, 1995.

전영미, 『20세기 실내디자인의 조류』, 기문당, 1994.

최정신, 김대년, 천진희, 『실내디자인』, 교문사, 2011.

황연숙, 박부미, 『Interior Design』, 도서출판국제, 1997.

프랑스엔 〈크세주〉, 일본엔 〈이와나미 문고〉,
한국에는 〈살림지식총서〉가 있습니다.

📖 전자책 | 🔍 큰글자 | 🔊 오디오북

서양 건축과 실내디자인의 역사

펴낸날	초판 1쇄 2012년 6월 8일
	초판 3쇄 2021년 9월 24일

지은이	천진희
펴낸이	심만수
펴낸곳	(주)살림출판사
출판등록	1989년 11월 1일 제9-210호

주소	경기도 파주시 광인사길 30
전화	031-955-1350 팩스 031-624-1356
홈페이지	http://www.sallimbooks.com
이메일	book@sallimbooks.com

ISBN	978-89-522-1861-2 04080
	978-89-522-0096-9 04080 (세트)

085 책과 세계

강유원(철학자)

책이라는 텍스트는 본래 세계라는 맥락에서 생겨났다. 인류가 남긴 고전의 중요성은 바로 우리가 가 볼 수 없는 세계를 글자라는 매개를 통해서 우리에게 생생하게 전해 주는 것이다. 이 책은 역사라는 시간과 지상이라고 하는 공간 속에 나타났던 텍스트를 통해 고전에 담겨진 사회와 사상을 드러내려 한다.

056 중국의 고구려사 왜곡   eBook

최광식(고려대 한국사학과 교수)

중국의 고구려사 왜곡의 숨은 의도와 논리, 그리고 우리의 대응 방안을 다뤘다. 저자는 동북공정이 국가 차원에서 진행되는 정치적 프로젝트임을 치밀하게 증언한다. 경제적 목적과 영토 확장의 이해관계 등이 복잡하게 얽혀 있는 동북공정의 진정한 배경에 대한 설명, 고구려의 역사적 정체성에 대한 문제, 고구려사 왜곡에 대한 우리의 대처방법 등이 소개된다.

291 프랑스 혁명   eBook

서정복(충남대 사학과 교수)

프랑스 혁명은 시민혁명의 모델이자 근대 시민국가 탄생의 상징이지만, 그 실상을 아는 사람은 많지 않다. 프랑스 혁명이 바스티유 습격 이전에 이미 시작되었으며, 자유와 평등 그리고 공화정의 꽃을 피기 위해 너무 많은 피를 흘렸고, 혁명의 과정에서 해방과 공포가 엇갈리고 있었다는 등의 이야기를 통해 프랑스 혁명의 실상을 소개한다.

139 신용하 교수의 독도 이야기   eBook

신용하(백범학술원 원장)

사학계의 원로이자 독도 관련 연구의 대가인 신용하 교수가 일본의 독도 영토 편입문제를 걱정하며 일반 독자가 읽기 쉽게 쓴 책. 저자는 역사적으로나 국제법상으로 실효적 점유상으로나, 어느 측면에서 보아도 독도는 명백하게 우리 땅이라고 주장하며 여러 가지 역사적인 자료를 제시한다.

144 페르시아 문화

신규섭(한국외대 연구교수)

인류 최초 문명의 뿌리에서 뻗어 나와 아랍을 넘어 중국, 인도와 파키스탄, 심지어 그리스에까지 흔적을 남긴 페르시아 문화에 대한 개론서. 이 책은 오랫동안 베일에 가려 있던 페르시아 문명을 소개하여 이슬람에 대한 편견과 오해를 바로 잡는다. 이태백이 이란계였다는 사실, 돈황과 서역, 이란의 현대 문화 등이 서술된다.

086 유럽왕실의 탄생

김현수(단국대 역사학과 교수)

인류에게 '예술과 문명' 그리고 '근대와 국가'라는 개념을 선사한 유럽왕실. 유럽왕실의 탄생배경과 그 정체성은 무엇인가? 이 책은 게르만의 한 종족인 프랑크족과 메로빙거 왕조, 프랑스의 카페 왕조, 독일의 작센 왕조, 잉글랜드의 웨섹스 왕조 등 수많은 왕조의 출현과 쇠퇴를 통해 유럽 역사의 변천을 소개한다.

016 이슬람 문화

이희수(한양대 문화인류학과 교수)

이슬람교와 무슬림의 삶, 테러와 팔레스타인 문제 등 이슬람 문화 전반을 다룬 책. 저자는 그들의 멋과 가치관을 흥미롭게 설명하면서 한편으로 오해와 편견에 사로잡혀 있던 시각의 일대 전환을 요구한다. 이슬람교와 기독교의 관계, 무슬림의 삶과 낭만, 이슬람 원리주의와 지하드의 실상, 팔레스타인 분할 과정 등의 내용이 소개된다.

100 여행 이야기

이진홍(한국외대 강사)

이 책은 여행의 본질 위를 '길거리의 철학자'처럼 편안하게 소요한다. 먼저 여행의 역사를 더듬어 봄으로써 여행이 어떻게 인류 역사의 형성과 같이해 왔는지를 생각하고, 다음으로 여행의 사회학적 · 심리학적 의미를 추적함으로써 여행에 어떤 의미를 부여할 것인가에 대해 말한다. 또한 우리의 내면과 여행의 관계 정의를 시도한다.

293 문화대혁명 중국 현대사의 트라우마 eBook

백승욱(중앙대 사회학과 교수)

중국의 문화대혁명은 한두 줄의 정부 공식 입장을 통해 정리될 수
없는 중대한 사건이다. 20세기 중국의 모든 모순은 사실 문화대
혁명 시기에 집약되어 있다고 해도 과언이 아니다. 사회주의 시기
의 국가 · 당 · 대중의 모순이라는 문제의 복판에서 문화대혁명을
다시 읽을 필요가 있는 지금, 이 책은 문화대혁명에 대한 안내자
가 될 것이다.

174 정치의 원형을 찾아서 eBook

최자영(부산외국어대학교 HK교수)

인류가 걸어온 모든 정치체제들을 매우 짧은 기간 동안 시험하고
정비한 나라, 그리스. 이 책은 과두정, 민주정, 참주정 등 고대 그리
스의 정치사를 추적하고, 정치가들의 파란만장한 일화 등을 소개
하고 있다. 특히 이 책의 저자는 아테네인들이 추구했던 정치방법
이 오늘 우리 사회가 당면한 문제를 해결할 수 있는 지혜의 발견
에 도움을 줄 수 있을 것이라고 말한다.

420 위대한 도서관 건축순례 eBook

최정태(부산대학교 명예교수)

이 책은 도서관의 건축을 중심으로 다룬 일종의 기행문이다. 고대
도서관에서부터 21세기에 완공된 최첨단 도서관까지, 필자는 가
능한 많은 도서관을 직접 찾아보려고 애썼다. 미처 방문하지 못한
도서관에 대해서는 문헌과 그림 등 가능한 많은 정보를 수집하려
노력했다. 필자의 단상들을 함께 읽는 동안 우리 사회에서 도서관
이 차지하는 의미에 대해 다시 생각하게 된다.

421 아름다운 도서관 오디세이 eBook

최정태(부산대학교 명예교수)

이 책은 문헌정보학과에서 자료 조직을 공부하고 평생을 도서관
에 몸담았던 한 도서관 애찬가의 고백이다. 필자는 퇴임 후 지금
까지 도서관을 돌아다니면서 직접 보고 배운 것이 40여 년 동안
강단과 현장에서 보고 얻은 이야기보다 훨씬 많았다고 말한다.
'세계 도서관 여행 가이드'라 불러도 손색없을 만큼 풍부하고 다
채로운 내용이 이 한 권에 담겼다.

eBook 표시가 되어있는 도서는 전자책으로 구매가 가능합니다.

(주)살림출판사
www.sallimbooks.com
주소 경기도 파주시 문발동 522-1 | 전화 031-955-1350 | 팩스 031-955-1355